인지기능 향상 워크북　A Workbook for Improving Information Processing

정보처리 영역

느린 학습자, 학습 및 주의력 문제를 가진 아동,
인지적 불균형이 심한 아동을 위한 정보처리 영역 기능 향상 프로그램

| 노경란 · 박현정 · 안지현 · 전영미 공저 |

· **5** ·

학지사

머리말

임상현장에서 현재 가장 널리 사용되는 심리검사 중 하나가 웩슬러 지능검사다. 따라서 많은 시간과 에너지 그리고 비용을 들여 웩슬러 지능검사를 실시하고 있지만, 지능검사 결과를 활용하는 측면에서는 비용 대비 그 활용도가 매우 제한적이다. 웩슬러 지능검사는 임상장면에서 주로 정신장애를 진단하거나, 전체점수를 토대로 장애등급을 판정하는 데 도움을 주는 등 검사 · 분류 · 배치의 관리모델로 활용되어 왔다. 그러나 지능검사를 통해 얻은 지능수준 및 인지적 장단점과 같은 소중한 정보들 이 임상 및 교육 현장에서 효과적으로 활용되지 못하고 사장되는 경우가 흔하다. 최근 개정된 『정신질환의 진단 및 통계 편람-제5판(Diagnostic and Statistical Manual of Mental Disorders-5th ed.: DSM-5)』 서문에 따르면, 진단이란 사례공식화하는 평가의 한 부분으로서 충분한 정보를 토대로 각 개인을 위한 치료계획을 세울 수 있게 하는 것이다. 웩슬러 지능검사에서 얻은 정보는 평가에 그치지 않고 각 개인을 이해하며, 더 나아가 이를 바탕으로 개별화된 치료나 교육적 개입 전략을 선택하고 교수적 지원(instructional supports)을 하는 데 사용될 수 있다(Nicolson, Alcorn, & Erford, 2006). 향후 웩슬러 지능검사는 기존의 검사 · 분류 · 배치의 관리모델로부터 평가 · 이해 · 개입의 기능적인 임상모델(Weiss, Saklofske, Prifitera, & Holdnack, 2006)로까지 다양하게 활용되어야 할 것이다.

지능검사가 개별 아동의 인지적 특성을 이해하는 것뿐만 아니라 개입을 하기 위한 실질적인 도구로 활용되기 위해서는 체계적인 지침서와 더불어 여러 가지 다양한 자료나 도구가 요구된다. 그러나 현재 우리나라에는 그러한 교재나 자료가 거의 부재한 실정이다.

특히 최근 들어 교육현장에서는 학습부진아동에 대한 관심이 증가할 뿐만 아니라, 이들에 대한 「초 · 중등교육법」도 개정되었다. 「초 · 중등교육법」 제28조에서는 '느린 학습자'에게 교육 실시와 더불어 그들에게 필요한 교재와 프로그램을 개발 · 보급하고, 교원은 관련 연수를 이수해야 한다고 되어 있다. '느린 학습자'란 '경계선 지능'(지능 70~85)에 해당되는 학생들로서 그간 특수교육대상은 아니지만, 학습이 뒤처지고 학교생활에 적응이 어려우며, 겉으로 드러나지 않아

사각지대에 방치되어 있던 학생을 일컫는데, 현재 전국적으로 약 80만 명에 달하는 것으로 추정되고 있다(EBS 저녁뉴스, 2016년 1월 1일자). 이러한 느린 학습자 혹은 경계선 지능에 속하는 학생들은 매우 이질적인 집단으로서 다양한 요인이 영향을 미칠 수 있다. 예를 들면, 학습장애나 주의력결핍 과잉행동장애와 같이 신경학적 결함과 관련된 요인, 혹은 환경적이거나 정서적 요인들이 복합적으로 작용할 수 있다. 또한 동일하게 경계선 지능에 속하는 학생이라도 인지적인 강점과 약점 영역이 각각 다를 수 있다. 그러므로 어느 영역에서 취약한지에 대한 평가를 통해 체계적으로 개입할 수 있는 교재가 절실히 요구되는 시점이다.

이 시리즈는 총 5권으로 구성되어 있으며, 1권 『인지기능 향상 가이드북: 웩슬러 지능검사의 치료 및 교육적 활용』은 웩슬러 지능검사 결과를 토대로 치료 및 교육적 개입을 하기 위한 구체적인 전략과 지침을 제공한다. 2권에서 5권까지는 인지기능 향상 워크북으로서, 영역별로 취약한 부분의 인지기능을 향상시킬 수 있도록 구성되어 있다. 좀 더 자세하게 이 시리즈의 특징을 살펴보면 다음과 같다.

먼저 1권은 웩슬러 지능검사 결과를 토대로 하여 인지기능을 향상시키기 위한 전략적인 활용 가이드북이다. 아동의 인지 특성에 대한 심층적 이해를 기반으로 개입할 수 있게 하기 위해서 전체 IQ 수준부터 소검사 수준에 이르기까지 다차원적이고도 심층적으로 해석하는 방법을 제시하였다. 그리고 이를 토대로 지표별, 군집별, 소검사별로 체계적인 개입 전략을 제시하였으며, 더 나아가 영역별로 실제 사례를 들어 치료 회기 동안 어떤 활동을 어떻게 이끌어 갈 수 있는지에 대해서 구체적으로 설명하였다.

최근에는 교차배터리 평가(cross-battery assessment) 방법, 즉 단일배터리 평가보다 여러 검사 배터리로부터 나온 정보를 활용하여 개인의 인지능력을 정확하게 분석하고, 더 나아가 특정 영역을 선택하여 그 영역에 속한 여러 가지 요소를 다양하고 깊이 있게 측정하는 추세다. 이 시리즈는 적용대상을 주로 학령기 아동에 맞추었기 때문에, 지능검사 결과를 활용할 때 인지적 측면과 함께 학습 영역을 고려하는 것이 중요하다. 따라서 웩슬러 지능검사를 주로 사용하되, 그 외에 교차 평가도구로서 기초학습기능검사, 읽기성취 및 읽기 인지처리능력검사, 시지각 발달검사, 전산화된 주의력 검사(Computerized Attention Test), 기억검사 등도 함께 활용할 수 있다.

그다음으로 2권에서 5권까지는 인지기능을 향상시키기 위한 영역별 워크북이다. 이 인지기능 향상 워크북은 치료나 교육장면에서 놀이하고 게임하듯이 흥미를 유발할 수 있도록 구성되어 있다. 현재 우리나라 교육은 조기교육, 선행학습, 입시 위주의 경쟁적인 교육이 우선시되고 있다. 이러한 현실은 개인적인 특성을 고려하면서 균형 잡힌 인지발달을 지향하려는 교육 방향과

상당한 괴리감을 느끼게 한다. 특히 안타까운 것은 평생교육이 중시되는 요즘 시대에 아동 · 청소년이 이른 나이부터 조기학습으로 인해 학습의 즐거움과 흥미를 잃어버리는 경우가 너무 많다는 점이다. 이 워크북은 학습(공부가 아닌 배우는 것 그 자체)에 대한 동기를 쉽게 유발할 수 있도록 다양한 활동과 함께 실제 생활에 가까운 내용으로 구성되어 있다. 따라서 인지발달이 학습장면에서뿐만 아니라, 사회적 상황과 실생활에서도 촉진될 수 있도록 하였으며, 더 나아가 학교교육과정과의 연계성도 함께 고려하여 제작되었다.

이 시리즈는 교육현장에서 특별한 필요를 가진 아동들, 예를 들면 학습장애나 주의력결핍과잉행동장애 등의 문제를 가진 아동에게 그들의 잠재력을 사용하는 데 걸림돌이 되는 요소들을 찾아 교정하는 데 도움을 줄 뿐만 아니라, 학업 및 인지적 능력을 전반적으로 증진시키는 데 유용하다. 또한 발달과정에 있는 일반 아동 · 청소년에게도 개별화된 인지기능 향상 프로그램을 통해 그들의 취약하거나 결핍된 인지능력 영역에 대해 개입할 수 있는 방안과 실제 활용 가능한 자료를 제공한다. 이 책은 주 대상이 아동 · 청소년이지만, 성인의 경우에도 인지기능 향상이나 인지재활을 목적으로 다양한 임상집단에서 활용이 가능할 것으로 기대된다.

최근 뇌 발달에 관한 연구가 급속도로 발전하면서 '뇌 가소성(neuroplasticity)', 즉 뇌는 스스로 변화하며 환경에 적응하는 지속적인 능력을 갖는다는 증거가 밝혀지고 있다(Doidge, 2007). 특히 전두엽은 청소년기를 지나 20대 이후에도 지속적으로 발달한다고 알려져 있다. 이와 유사하게, 어떤 인지적 결함들은 집중적인 훈련을 통해서 개선될 수 있다. 이러한 훈련은 특정 인지기술을 수행하는 데 필요한 뇌세포들 간에 연결을 증가시키며, 때로는 처음에 기대했던 것 이상으로 아동의 능력을 증진시키기도 한다(Manassis, 2014). 앞으로 이와 관련된 연구가 더욱 활발하게 진행될 것으로 보인다. 혹자는 개입을 통해 지능검사 점수가 과연 상승할 것인지, 지능검사 점수가 상승하더라도 지능(혹은 인지능력)이 정말 좋아진 것인지 의문을 제기할 수도 있다. 그러나 이 시리즈는 단순히 지능검사 점수를 높이는 것이 아니라, 개인의 인지적 특성을 파악하고 그의 인지능력을 효율적으로 발휘하는 데 걸림돌이 되는 취약한 영역을 찾아 보완하는 것에 도움을 주고자 한다.

이 시리즈가 웩슬러 지능검사를 활용하여 체계적으로 인지적 개입을 할 수 있는 좋은 안내서이자 도구로서 임상 및 교육 현장에서 널리 사용될 수 있기를 기대하는 바다. 그간 이 책이 출간될 수 있도록 전폭적으로 지원해 주신 학지사 김진환 사장님, 아울러 K-WISC-IV를 개발하시고 한국판 지표점수 및 군집 변환점수의 사용을 허락해 주신 오상우 교수님께 깊은 감사의 마음을 전한다.

정보처리 영역 워크북

㉮ 정보처리 영역 워크북은 어떻게 구성되어 있나요?

1) 대상

정보처리 영역에서 유의미한 저하를 보이는 유아, 아동 및 청소년에게 적용할 수 있습니다. 생활연령이나 학년에 상관없이 아동의 인지수준에 맞춰 특별한 제약 없이 활용 가능합니다.

2) 구성

- 본 워크북은 크게 필수과제와 세부 영역별 활동지 두 파트로 구성되어 있습니다.
- 필수과제는 가장 기본적이며 공통적으로 사용할 수 있고, 특별히 어느 특정 영역에 치우치지 않고 통합적인 활동이 가능한 과제로 구성되어 있습니다.
- 반면에 세부 영역별 활동지는 각각의 영역에서 고유하게 측정하고자 하는 인지기능 및 내용으로 한정하여 구성하였습니다. 따라서 필수과제를 활용하되 특별히 수행이 부진한 세부 영역을 집중적으로 추가하여 시행할 수 있습니다.

3) 시행상 유의점

- 모든 활동지는 난이도에 따라 상(★★★), 중(★★★), 하(★★★)로 나뉘어져 있으므로 개별 아동의 수준에 맞춰 사용할 수 있습니다.
- 비슷한 유형의 활동지를 난이도를 높여 가며 시행할 수도 있지만, 쉽게 지루함을 느끼는 아동의 경우에는 다양한 유형의 활동지를 섞어서 사용할 수도 있습니다. 단, 한 번 시행 시 최소한 10~15분 이상을 할애하도록 합니다. 특히 부모의 협조를 구하여 과제 형태로 제시하여 자주 반복, 연습할 수 있도록 지도합니다.
- 워크북의 활용도를 높이고 치료실에서 쉽게 참조할 수 있도록 세부 영역별 구체적인 개입전

략을 각 활동지 앞에 제시하였습니다(이 내용은 1권에 구체적으로 소개되어 있으므로 더 자세한 것을 알려면 1권을 참고하기 바랍니다).

㉯ 이렇게 지도해 주세요!!!

첫째, 무엇보다 가장 중요한 부분은 본 워크북이 활동중심, 흥미중심, 게임중심으로 구성되어 있다는 점입니다. 활동지가 자칫 아동에게 공부처럼 비춰지면서 심리적 거부감이 들거나 부담스럽게 느끼지 않도록 최대한 재미있게 구성하고자 하였기 때문에 실제 임상장면에서는 워크북과 함께 관련이 있는 다른 여러 가지 활동을 병행하는 것이 좋습니다.

둘째, 활동지를 활용할 때, 우선 각각의 활동지에 나와 있는 여러 가지 지시나 문제를 아동이 먼저 읽어 보고 내용을 파악하도록 합니다. 그 지시문이나 문제가 무엇을 요구하는지 아동이 자신의 말로 표현하도록 하고, 만약 내용을 이해하지 못한다면 치료사(교사)와 같이 문제를 읽으면서 이해하도록 지도합니다. 인지적 개입 시 교사 주도적인 활동이 대부분을 이룬다고 하지만 치료사(교사)가 너무 앞서 많은 것을 해 주려고 하기보다는 조금씩이라도 아동이 혼자 힘으로 문제를 해결할 수 있도록 점진적으로 기회를 제공하는 것이 좋습니다.

셋째, 지시문이나 문제를 정확하게 이해한 후 아동이 먼저 문제를 풀어 보도록 하고, 이때 치료사(교사)는 아동이 문제를 해결하는 과정과 방법을 면밀히 관찰합니다. 단, 아동이 너무 어려워하면 조금씩 단서나 도움을 제공합니다.

넷째, 어떻게 문제를 풀었는지 해결 과정을 아동으로 하여금 자기 말로 설명하게 합니다. 정답이든 오답이든 해결 과정을 꼭 점검하고 오류분석을 실시합니다. 치료사(교사)의 관찰 내용과 아동의 반응을 종합하여 오류를 보이게 된 이유를 분석하고, 그 결과를 아동과 공유합니다. 이를 통해서 아동 스스로도 자신이 어떤 오류를 범하고 있는지 인식할 수 있게 되고 앞으로 똑같은 실수나 오류를 반복하지 않도록 지도합니다.

다섯째, 아동이 실수나 어려워서 놓친 부분, 꼭 기억해야 할 내용은 치료사(교사)가 직접 한 번 더 정리 및 요약을 해 줍니다.

여섯째, 다소 수동적이고 동기가 부족한 아동에게는 보상체계를 적용할 수 있습니다. 이때 얼마나 정답을 많이 맞혔나 하는 수행결과보다는 아동이 문제를 해결하기 위해 고민한 시간과 과정(예를 들어, 얼마나 집중하였는지, 중간에 포기하지 않고 끝까지 하려고 얼마나 노력하였는지 등)을 칭찬해 줍니다. 직접적인 보상체계는 물론 자기점검, 자기평가와 같은 쉬운 수준의 자기교수법도 활용할 수 있습니다.

▶ 잠깐, 이럴 땐 어떻게 할까요?

Q. 반드시 여기에 나와 있는 순서대로 시행해야 할까요?

A. 아닙니다. 아동의 상황에 따라 영역별, 난이도별, 활동지별로 유연하게 사용하셔도 됩니다. 아동이 잘하지 못하는 영역이나 힘들어하는 활동 위주로 진행하다 보면 자칫 학습동기를 잃을 수 있으므로 처음에는 다소 쉽고, 흥미를 느끼는 활동지에서 시작할 것을 권장합니다.

Q. 아동이 특정 영역의 활동지만 하고 싶어 할 때는 어떻게 해야 할까요?

A. 아동이 원하는 영역과 치료사(교사)가 필요하다고 판단한 학습지를 골고루 할 수 있도록 어떤 활동지를 어떤 순서로 해야 할지 아동과 함께 논의하면서 진행하시면 됩니다.

Q. 아동이 너무 어려워서 하지 않으려고 할 때는 어떻게 해야 할까요?

A. 저자들이 난이도를 조정하려고 많이 노력하였음에도 중간 정도의 필요한 난이도가 없을 수 있습니다. 그럴 경우 치료사(교사)가 도움의 양을 충분히 주어 시행하고, 그다음 도움의 양을 줄이면서 아동이 스스로 해결할 수 있도록 점진적으로 접근해 보는 것도 좋겠습니다.

Q. 필요한 영역 외에 다른 영역의 활동지도 해야 하나요?

A. 본 워크북은 꼭 인지적 약점을 개선하기 위함만은 아닙니다. 아동이 잘하는, 흥미를 느끼는 활동도 얼마든지 활용 가능합니다. 필요한 부분 외에도 골고루 활용하시는 것이 균형 잡힌 인지발달에 도움을 줄 수 있을 것으로 생각합니다.

🄓 목차

구 분		활동 내용
1. 필수과제	가. 빠르게 말하기	반대로 말해요 / 다르게 말해요
	나. 빠르게 그리기	빠르게 반대로 써 보세요 / 그대로 색칠하세요 / 그대로 그리세요 / 그대로 써 보세요 / 나를 찾아 주세요 / 규칙에 따라 색칠하세요 / 규칙에 따라 그리세요 / 규칙에 따라 써 보세요
2. 매칭하기	가. 기억하여 쓰기	나의 짝을 찾아 주세요
	나. 시간제한 내에 기억하여 쓰기	나의 짝을 빠르게 찾아 주세요
3. 채워넣기	가. 변별 & 추적하기	나를 찾아 주세요 / 내 것을 찾아 주세요

라 영역별 원인 및 개입전략

정보처리 영역에서 어려움을 보이는 아동의 특성

고려해야 할 점

- 결정속도와 처리속도의 문제
- 광범위한 인지속도의 문제
- 상징을 인식(재인)하는 것의 문제
- 비언어적 단기 기억의 문제
- 시각–운동 협응능력, 지각, 비언어적 학습능력의 문제
- 시각적 변별, 주의력과 스캐닝(추적) 능력의 문제
- 시각 운동기술의 결함

아동의 특성

- 읽는 속도가 느림
- 기본적인 수학연산의 수행이 느리고, 곱셈표를 배우는 것, 계산에서의 자동화가 어려움
- 패턴 간 관계 지각, 제시된 정보를 통한 추론의 어려움
- 과제 완수에 오랜 시간이 걸리며, 특히 시간압박이 있을 때 시간이 더 오래 걸림
- 정답을 찾기는 하지만, 이에 이르기까지 시간이 오래 걸림
- 정해진 시간에 시험 또는 과제를 마치지 못함

정보처리 영역에서 어려움을 보일 때, 이렇게 도와주세요.

아동에게 반응할 시간을 충분히 허용하며,
시간의 압박을 주지 않는 것이 좋아요.

결과보다는 수행 과정과 수행 산물의 질적인 측면을
더 중시하고, 동기가 떨어지지 않도록 배려해 주세요.
부여하는 과제의 양을 줄여 주는 것도 도움이 됩니다.

베껴 쓸 때는 속도를 요구하지 않고, 정확성을 위해
재확인을 하도록 추가 시간을 허용해 주세요.

과제를 완성할 시간을 넉넉히 제공하거나 적은 과제를 정해진 시간 내에 완수할 수 있도록 해 주세요. 추가시간을 허용할 때에는 부정적인 느낌을 불러일으키지 않는 방식으로 해 주세요.

읽기 유창성, 글자를 인지하는 능력을 훈련시킴으로써
읽기 속도를 향상시킬 수 있도록 해 주세요.

아동에게 과제 수행에 소요된 시간을 모니터링하는 방법(타이머 사용, 시작과 끝을 종이에 기록하기 등)을 알려 주어 과제에 필요한 시간을 점진적으로 줄일 수 있도록 도와주세요.

기본 기술에 대해서 속도와 자동성을 구축하도록 시간을 재는 활동을 제공해 주세요.
- 빈도가 높은 단어목록을 가능한 한 빨리 읽기
- 간단한 산수를 가능한 한 빨리 계산하기
- 속도와 정확성에 대한 수행을 기록하기

환경적으로 수행을 증진하는 데 방해가 되는 것을 줄여 주세요.

〈지도방법〉

- 아동에게 반응할 시간을 충분히 허용합니다.
- 아동에게 시간의 압력하에서 작업하게 하지 않습니다.
- 양보다는 질적인 산물, 즉 정확도를 더 중시하고 부여하는 과제의 양을 줄입니다.
- 베끼기를 요구할 때에는 속도를 요구하지 않습니다. 아동이 정확성을 위해 재확인하도록 추가 시간을 허용합니다.
- 아동에게 과제를 완성할 시간을 넉넉히 제공하거나, 과제를 짧게 해서 정해진 시간 내에 완수할 수 있게 합니다.
- 제한된 시간 내에 아동에게 베끼기 활동을 요구하기보다는 복사한 노트를 제공합니다.
- 읽기 유창성, 공통된 글자 순서를 자동적으로 인지하는 능력을 훈련시킴으로써 읽기 속도를 증진시키도록 합니다.
- 아동에게 각 과제에 쓰는 시간을 모니터링하는 방법을 가르칩니다. 스톱워치나 타이머를 사용할 수 있습니다. 시작과 끝을 종이에 기록할 수도 있습니다. 아동이 각 과제를 하는 데 필요한 시간을 점진적으로 줄여 가도록 목표를 세웁니다.
- 기본 기술에 대해서 속도와 자동성을 구축하도록 시간을 재는 활동을 제공합니다.
  - 빈도가 높은 단어목록을 가능한 한 빨리 읽게 합니다.
  - 간단한 산수를 가능한 한 빨리 계산하게 합니다.
  - 플래시 카드와 교육적 소프트웨어를 통해 단순한 수학 계산을 학습합니다.
  - 매일 자기가 수행한 과제에 대한 속도와 정확성을 차트에 기록합니다.
- 환경적으로 수행에 방해가 되는 요소를 줄입니다.
- 주어진 지시에 따라 여러 가지 기호, 상징(문자, 숫자), 형태, 문장, 그림, 사물 등 같은 것끼리 짝짓는 연습을 합니다.
- 비언어적 자극에 대한 단기기억훈련(메모리 게임), 신속한 결정을 요하는 게임이 도움이 됩니다. 즉, 시간 내 퍼즐 맞추기, 순서에 따라 빠르게 사물을 두드리기(예: 두더지 게임),

단어퍼즐에서 숨겨진 단어 찾기 게임, 지도에서 위치 찾기, 가장 빠르고 짧은 경로를 표시하는 지도활동을 합니다.

1

 1) 반대로 말해요 ★ ★ ★

 아래에는 숫자들이 적혀 있습니다. 〈시작〉부터 〈끝〉까지 <u>왼쪽에서 오른쪽으로</u> 이동하면서
<u>1은 "이", 2는 "일"</u>이라고 말해 보세요.

※ 시간을 정해 놓고 숫자를 얼마나 빨리, 많이 읽을 수 있는지 알아보는 방법과 아래 숫자들을 모두
　다 읽는 데 시간이 얼마나 걸리는지 알아보는 방법이 있습니다.

〈시작〉 ➡

(이)	(일)	
1	2	1
2	1	2
2	2	1
1	1	2

➡ 〈끝〉

2) 반대로 말해요 ★ ★ ★

◉ 아래에는 숫자 4와 5가 적혀 있습니다. 〈시작〉부터 〈끝〉까지 <u>왼쪽에서 오른쪽으로</u> 이동하면서 <u>4는 "오", 5는 "사"</u>라고 말해 보세요.

※ 시간을 정해 놓고 숫자를 얼마나 빨리, 많이 읽을 수 있는지 알아보는 방법과 아래 숫자들을 모두 다 읽는 데 시간이 얼마나 걸리는지 알아보는 방법이 있습니다.

〈시작〉 ➡

4 (오)	5 (사)	4	4	5
5	4	4	5	5
5	4	5	5	4
4	5	4	5	5
4	4	5	4	5
5	4	4	5	4

➡ 〈끝〉

3) 반대로 말해요 ★ ★ ★

◉ 아래에는 노란색 네모와 검은색 네모가 있습니다. 〈시작〉부터 〈끝〉까지 <u>왼쪽에서 오른쪽으로</u> 이동하면서 <u>노란색은 "검"</u>, <u>검은색은 "노"</u>라고 말해 보세요.

※ 시간을 정해 놓고 얼마나 빨리, 많이 읽을 수 있는지 알아보는 방법과 모두 다 읽는 데 시간이 얼마나 걸리는지 알아보는 방법이 있습니다.

💡 4) 반대로 말해요 ★ ★ ★

👁 위, 아래를 나타내는 화살표가 있습니다. 〈시작〉부터 〈끝〉까지 <u>왼쪽에서 오른쪽으로</u> 이동하면서 ↑은 "아래", ↓은 "위"라고 말해 보세요. 정확히 할 수 있도록 연습을 한 후에 시작하세요.

※ 시간을 정해 놓고 얼마나 빨리, 많이 읽을 수 있는지 알아보는 방법과 모두 다 읽는 데 시간이 얼마나 걸리는지 알아보는 방법이 있습니다.

〈시작〉➡

(위)	(아래)		
↓	↑	↓	↓
↑	↓	↑	↑
↓	↑	↓	↑
↓	↓	↑	↓

➡ 〈끝〉

5) 반대로 말해요 ★ ★ ★

아래에 두 가지의 표정이 있습니다. 〈시작〉부터 〈끝〉까지 <u>왼쪽에서 오른쪽으로</u> 이동하면서 ☺은 "짱", ☹는 "꽝"이라고 말해 보세요.

※ 시간을 정해 놓고 얼마나 빨리, 많이 읽을 수 있는지 알아보는 방법과 모두 다 읽는 데 시간이 얼마나 걸리는지 알아보는 방법이 있습니다.

〈시작〉 ➡

☺ (짱)	☹ (꽝)	☺	☹
☹	☺	☹	☺
☹	☹	☺	☹
☺	☹	☺	☹
☺	☺	☹	☺

➡ 〈끝〉

6) 반대로 말해요 ★ ★ ★

◉ 〈시작〉부터 〈끝〉까지 왼쪽에서 오른쪽으로 이동하며 "하"는 "호"로, "호"는 "하"로 읽어 보세요.

※ 시간을 정해 놓고 얼마나 빨리, 많이 읽을 수 있는지 알아보는 방법과 모두 다 읽는 데 시간이 얼마나 걸리는지 알아보는 방법이 있습니다.

〈시작〉 ➡

(호) 하	(하) 호	호	하	호	하
호	하	호	하	호	호
하	호	호	호	하	호
호	하	호	하	호	하
호	호	하	호	하	호
호	하	호	호	호	하

➡ 〈끝〉

💡 7) 반대로 말해요 ★ ★ ★

👁 〈시작〉부터 〈끝〉까지 <u>왼쪽에서 오른쪽으로</u> 이동하며 "카"는 "타", "타"는 "카"라고 말해 보세요.
※ 시간을 정해 놓고 얼마나 빨리, 많이 읽을 수 있는지 알아보는 방법과 모두 다 읽는 데 시간이
얼마나 걸리는지 알아보는 방법이 있습니다.

〈시작〉 ➡

(카) 타	(타) 카	타	타	카	타	카
카	타	카	타	카	카	타
타	카	타	카	타	카	타
카	타	카	카	타	타	카
타	카	타	카	타	타	카
타	카	카	타	카	타	카
카	타	카	타	타	카	타

➡ 〈끝〉

가. 빠르게 말하기 **021**

8) 반대로 말해요 ★ ★ ★

◉ 아래에는 노란색 네모와 빨간색 네모가 있습니다. 〈시작〉부터 〈끝〉까지 <u>왼쪽에서 오른쪽으로</u> 이동하면서 <u>노란색은 "빨강"</u>, <u>빨간색은 "노랑"</u>이라고 말해 보세요.

※ 시간을 정해 놓고 얼마나 빨리, 많이 읽을 수 있는지 알아보는 방법과 모두 다 읽는 데 시간이 얼마나 걸리는지 알아보는 방법이 있습니다.

〈시작〉

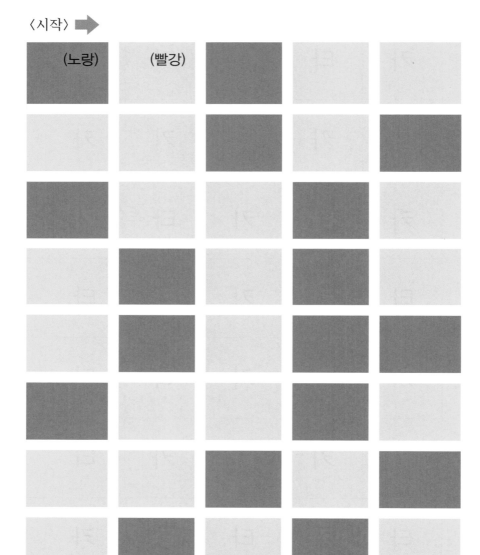

〈끝〉

9) 반대로 말해요 ★ ★ ☆

◉ 〈시작〉부터 〈끝〉까지 <u>위에서 아래로</u> 이동하며 "<u>낑</u>"은 "<u>깡</u>", "<u>깡</u>"은 "<u>낑</u>"이라고 말해 보세요.

※ 시간을 정해 놓고 얼마나 빨리, 많이 읽을 수 있는지 알아보는 방법과 모두 다 읽는 데 시간이 얼마나 걸리는지 알아보는 방법이 있습니다.

〈시작〉

⬇

(낑) 깡	낑	낑	깡	낑	깡	낑
(깡) 낑	깡	낑	깡	낑	낑	깡
낑	깡	낑	낑	깡	깡	낑
깡	낑	깡	낑	깡	깡	낑
낑	깡	깡	낑	깡	낑	깡
깡	낑	낑	깡	낑	깡	낑
깡	낑	깡	낑	깡	낑	깡

〈끝〉

10) 반대로 말해요 ★ ★ ★

아래에는 숫자 3과 8이 적혀 있습니다. 〈시작〉부터 〈끝〉까지 <u>오른쪽에서 왼쪽으로</u> 이동하면서 <u>3은 "팔팔"</u>, <u>8은 "삼삼"</u>이라고 말해 보세요.

※ 시간을 정해 놓고 숫자를 얼마나 빨리, 많이 읽을 수 있는지 알아보는 방법과 아래 숫자들을 모두 다 읽는 데 시간이 얼마나 걸리는지 알아보는 방법이 있습니다.

〈시작〉

			(삼삼)	(팔팔)
8	8	3	8	3
3	8	8	3	3
3	3	3	8	8
8	8	8	3	3
3	8	3	3	8
8	3	8	8	3
3	8	8	3	3

〈끝〉

11) 반대로 말해요 ★ ★ ★

👁 아래에는 초록색 네모와 파란색 네모가 있습니다. 〈시작〉부터 〈끝〉까지 <u>왼쪽에서 오른쪽으로</u> 이동하면서 <u>초록색 네모</u>는 "파파", <u>파란색 네모</u>는 "초초"라고 말해 보세요.

※ 시간을 정해 놓고 얼마나 빨리, 많이 읽을 수 있는지 알아보는 방법과 모두 다 읽는 데 시간이 얼마나 걸리는지 알아보는 방법이 있습니다.

〈시작〉

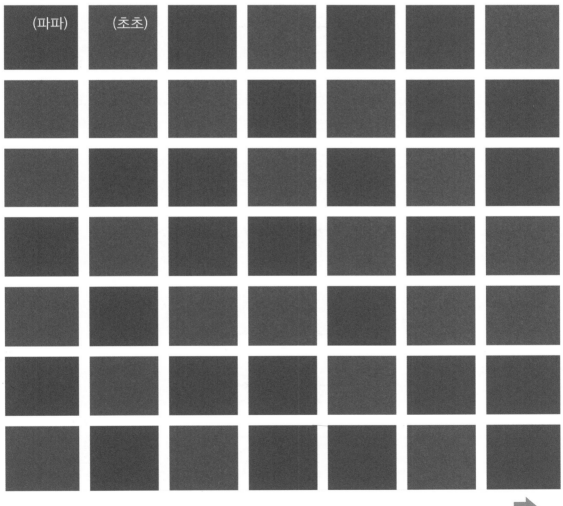

〈끝〉

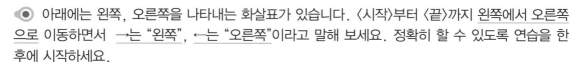

12) 반대로 말해요 ★ ★ ★

◉ 아래에는 왼쪽, 오른쪽을 나타내는 화살표가 있습니다. 〈시작〉부터 〈끝〉까지 왼쪽에서 오른쪽으로 이동하면서 →는 "왼쪽", ←는 "오른쪽"이라고 말해 보세요. 정확히 할 수 있도록 연습을 한 후에 시작하세요.

※ 시간을 정해 놓고 얼마나 빨리, 많이 읽을 수 있는지 알아보는 방법과 모두 다 읽는 데 시간이 얼마나 걸리는지 알아보는 방법이 있습니다.

〈시작〉 ⟹

(오른쪽) ←	(왼쪽) →	→	←	←	→
←	→	←	←	→	→
→	←	←	→	→	←
←	→	→	←	→	←
←	←	→	←	→	←
→	←	→	←	→	→
←	←	→	←	→	←
←	→	←	←	→	←
→	←	←	→	→	←
←	←	←	→	←	←

⟹ 〈끝〉

13) 반대로 말해요 ★ ★ ★

 〈시작〉부터 〈끝〉까지 <u>아래에서 위로</u> 이동하며 ㄱ은 "니은", ㄴ은 "기역"이라고 말해 보세요.

※ 시간을 정해 놓고 얼마나 빨리, 많이 읽을 수 있는지 알아보는 방법과 모두 다 읽는 데 시간이 얼마나 걸리는지 알아보는 방법이 있습니다.

〈끝〉

↑

ㄱ	ㄴ	ㄴ	ㄱ	ㄱ	ㄴ
ㄴ	ㄱ	ㄴ	ㄱ	ㄴ	ㄱ
ㄱ	ㄴ	ㄱ	ㄱ	ㄴ	ㄱ
ㄴ	ㄱ	ㄱ	ㄴ	ㄱ	ㄴ
ㄱ	ㄴ	ㄱ	ㄴ	ㄱ	(니은) ㄱ
ㄴ	ㄱ	ㄴ	ㄱ	ㄱ	(기역) ㄴ

〈시작〉

14) 반대로 말해요 ★★★

◉ 〈시작〉부터 〈끝〉까지 <u>왼쪽에서 오른쪽으로</u> 이동하며 ◁▭은 "배", ⛵는 "책"이라고 말해 보세요.
※ 시간을 정해 놓고 얼마나 빨리, 많이 읽을 수 있는지 알아보는 방법과 모두 다 읽는 데 시간이
얼마나 걸리는지 알아보는 방법이 있습니다.

〈시작〉

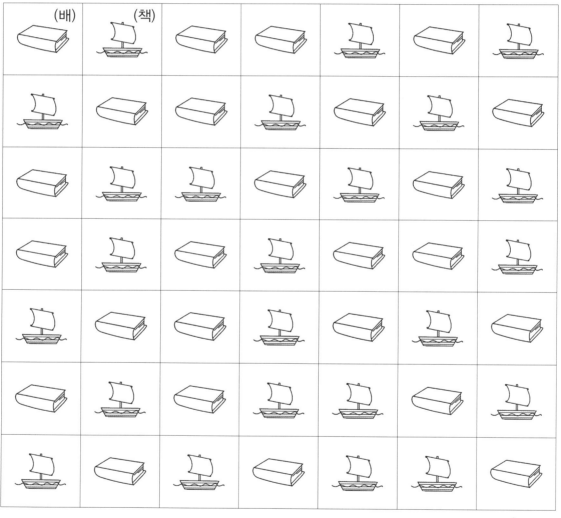

〈끝〉

1) 다르게 말해요 ★ ★ ★

 아래에는 하늘색, 보라색, 주황색 네모들이 있습니다. 〈시작〉부터 〈끝〉까지 <u>위에서 아래 방향</u><u>으로</u> <u>주황색</u>은 "하늘", <u>하늘색</u>은 "보라", <u>보라색</u>은 "주황"이라고 말해 보세요. 정확히 할 수 있도록 연습을 한 후에 시작하세요.

※ 읽는 방향을 '왼쪽에서 오른쪽', '위에서 아래' 등으로 바꾸어서 반복적으로 연습할 수 있습니다.

※ 시간을 정해 놓고 얼마나 빨리, 많이 읽을 수 있는지 알아보는 방법과 모두 다 읽는 데 시간이 얼마나 걸리는지 알아보는 방법이 있습니다.

〈시작〉

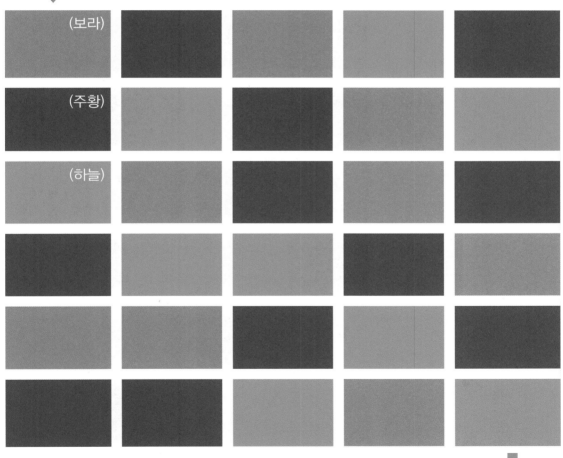

〈끝〉

2) 다르게 말해요 ★ ★ ★

◉ 아래에는 연두색, 노란색, 분홍색 네모들이 있습니다. 〈시작〉부터 〈끝〉까지 위에서 아래 방향으로 연두색은 "분홍", 분홍색은 "노랑", 노란색은 "연두"라고 말해 보세요. 정확히 할 수 있도록 연습을 한 후에 시작하세요.

※ 읽는 방향을 '왼쪽에서 오른쪽', '위에서 아래' 등으로 바꾸어서 반복적으로 연습할 수 있습니다.

※ 시간을 정해 놓고 얼마나 빨리, 많이 읽을 수 있는지 알아보는 방법과 모두 다 읽는 데 시간이 얼마나 걸리는지 알아보는 방법이 있습니다.

〈시작〉

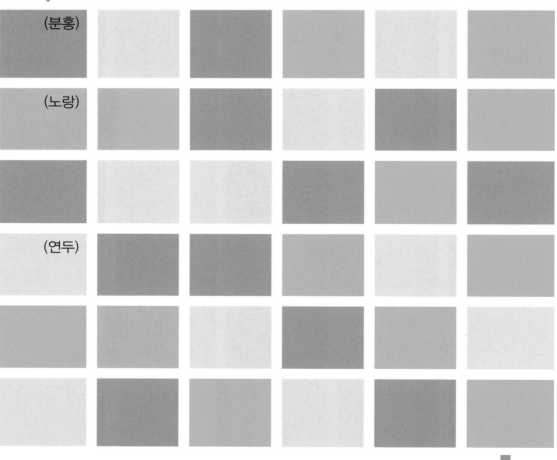

 〈끝〉

3) 다르게 말해요 ★ ★ ★

아래에는 날씨를 나타내는 그림들이 있습니다. 〈시작〉부터 〈끝〉까지 왼쪽에서 오른쪽으로 이동하면서 ☀ 는 "비", ☂ 은 "눈", ⛄ 은 "해"라고 읽어 보세요. 먼저, 연습을 해 본 후 시작하세요.

※ 읽는 방향을 '왼쪽에서 오른쪽', '위에서 아래' 등으로 바꾸어서 반복적으로 연습할 수 있습니다.

※ 시간을 정해 놓고 얼마나 빨리, 많이 읽을 수 있는지 알아보는 방법과 모두 다 읽는 데 시간이 얼마나 걸리는지 알아보는 방법이 있습니다.

〈시작〉 ➡

➡ 〈끝〉

💡 4) 다르게 말해요 ★★★

👁 아래에는 숫자 4, 6, 8이 적혀 있습니다. 〈시작〉부터 〈끝〉까지 <u>오른쪽에서 왼쪽 방향으로</u> 4는 "육", 6은 "팔", 8은 "사"라고 말해 보세요. 정확히 할 수 있도록 연습을 한 후에 시작하세요.

※ 시간을 정해 놓고 숫자를 얼마나 빨리, 많이 읽을 수 있는지 알아보는 방법과 아래 숫자들을 모두 다 읽는 데 시간이 얼마나 걸리는지 알아보는 방법이 있습니다.

⬅ 〈시작〉

		(팔)	(육)	(사)
4	8	6	4	8
8	6	4	8	6
6	4	8	6	4
6	4	8	4	6

〈끝〉 ⬅

💡 5) 다르게 말해요 ★★★

👁 다양한 방향을 나타내는 화살표가 있습니다. 왼쪽에서 오른쪽으로 이동하면서 ↑는 "아래",
↓는 "양", ↔는 "위"라고 말해 보세요. 정확히 할 수 있도록 연습을 한 후에 시작하세요.

※ 시간을 정해 놓고 얼마나 빨리, 많이 읽을 수 있는지 알아보는 방법과 모두 다 읽는 데 시간이
  얼마나 걸리는지 알아보는 방법이 있습니다.

〈시작〉 ➡

↓ (양)	↔ (위)	↑ (아래)	↓	↑	↓
↑	↓	↑	↑	↔	↑
↔	↑	↓	↑	↓	↓
↓	↓	↔	↓	↑	↑
↑	↔	↓	↑	↔	↑
↓	↑	↓	↑	↑	↓
↓	↑	↔	↑	↓	↑
↔	↓	↑	↓	↑	↔
↓	↑	↔	↑	↑	↓
↔	↓	↑	↓	↔	↓

➡ 〈끝〉

6) 다르게 말해요 ★ ★ ★

아래에는 두, 쿠, 우라는 글자가 적혀 있습니다. 〈시작〉부터 〈끝〉까지 위에서 아래로 이동하면서 두는 "유", 쿠는 "키", 우는 "산"이라고 읽어 보세요. 먼저, 연습을 해 본 후에 시작하세요.

※ 읽는 방향을 '왼쪽에서 오른쪽', '위에서 아래' 등으로 바꾸어서 반복적으로 연습할 수 있습니다.

※ 시간을 정해 놓고 얼마나 빨리, 많이 읽을 수 있는지 알아보는 방법과 모두 다 읽는 데 시간이 얼마나 걸리는지 알아보는 방법이 있습니다.

〈시작〉

↓

(유) 두	쿠	우	두	우
(산) 우	쿠	쿠	쿠	두
(키) 쿠	두	우	우	쿠
우	우	우	두	두
두	쿠	두	쿠	우
쿠	우	쿠	두	우

〈끝〉

💡 7) 다르게 말해요 ★★★

👁 아래에는 숫자 1, 2, 7이 적혀 있습니다. 〈시작〉부터 〈끝〉까지 <u>왼쪽에서 오른쪽으로</u> 이동하며
<u>1</u>은 "기", <u>2</u>는 "사", <u>7</u>은 "판"이라고 말해 보세요. 정확히 할 수 있도록 연습을 한 후에 시작하세요.

※ 읽는 방향을 바꾸어서 반복적으로 연습할 수 있습니다.

※ 시간을 정해 놓고 얼마나 빨리, 많이 읽을 수 있는지 알아보는 방법과 모두 다 읽는 데 시간이
얼마나 걸리는지 알아보는 방법이 있습니다.

〈시작〉

7 (판)	1 (기)	2 (사)	1	7
1	2	1	7	2
1	7	1	2	7
7	2	1	7	7
1	7	2	1	2
2	1	7	2	7

〈끝〉

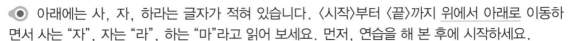

8) 다르게 말해요 ★ ★ ★

 아래에는 사, 자, 하라는 글자가 적혀 있습니다. 〈시작〉부터 〈끝〉까지 <u>위에서 아래로</u> 이동하면서 <u>사</u>는 "자", <u>자</u>는 "라", <u>하</u>는 "마"라고 읽어 보세요. 먼저, 연습을 해 본 후에 시작하세요.

※ 읽는 방향을 '왼쪽에서 오른쪽', '위에서 아래' 등으로 바꾸어서 반복적으로 연습할 수 있습니다.

※ 시간을 정해 놓고 얼마나 빨리, 많이 읽을 수 있는지 알아보는 방법과 모두 다 읽는 데 시간이 얼마나 걸리는지 알아보는 방법이 있습니다.

〈시작〉

↓

(마) 하	사	자	하	사
(자) 사	자	사	자	하
(라) 자	하	자	사	자
자	하	하	자	사
하	사	자	하	자
자	하	자	사	하

〈끝〉

나. 빠르게 그리기

1) 빠르게 반대로 써 보세요 ★ ★ ★

◉ 〈보기〉를 잘 살펴본 후, 숫자에 해당하는 기호를 빈칸에 알맞게 적어 보세요.

보기

1	2	3	4
↓	↓	↓	↓
#	@	&	%

〈예시〉 1	3	2	2	1	4
#					

➡ (왼쪽부터 오른쪽으로 이동하면서 한 개씩)

3	2	4	2	4	1

◉ 〈보기〉를 잘 살펴본 후, 위 칸에 적힌 숫자와 짝지어진 숫자를 빈칸에 적어 보세요.

보기

1	2	3	4
⬇	⬇	⬇	⬇
4	1	2	3

〈예시〉 1	3	2	2	1	4
4					

➡ (왼쪽부터 오른쪽으로 이동하면서 한 개씩)

3	2	1	2	4	1

1) 그대로 색칠하세요 ★ ★ ★

◉ 〈보기〉에 제시된 순서대로 두 줄을 반복하여 그 아래 빈 도형에 그대로 색칠해 보세요. 빈 도형을 모두 색칠하는 데 시간이 얼마나 걸리는지 확인해 보세요. 빠르고 정확하게 하는 것이 중요합니다.

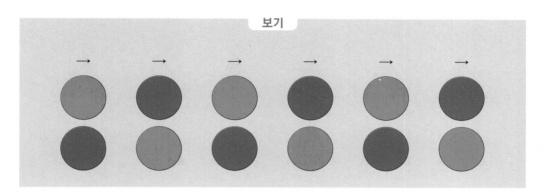

보기

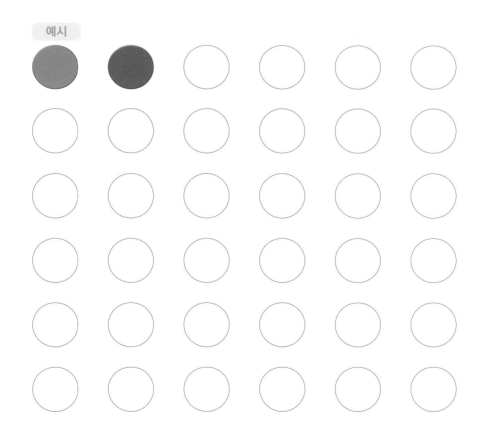

예시

2) 그대로 색칠하세요 ★ ★ ★

◉ 〈보기〉에 제시된 순서대로 두 줄을 반복하여 그 아래 빈 도형에 그대로 색칠해 보세요. 빈 도형을 모두 색칠하는 데 시간이 얼마나 걸리는지 확인해 보세요. 빠르고 정확하게 하는 것이 중요합니다.

보기

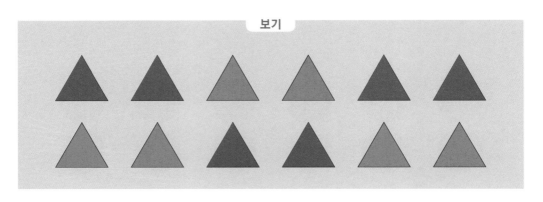

예시

3) 그대로 색칠하세요 ★ ★ ★

◉ 〈보기〉에 제시된 순서대로 두 줄을 반복하여 그 아래 빈 도형에 그대로 색칠해 보세요. 빈 도형을 모두 색칠하는 데 시간이 얼마나 걸리는지 확인해 보세요. 빠르고 정확하게 하는 것이 중요합니다.

보기

예시

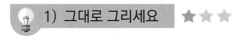 **1) 그대로 그리세요** ★ ★ ★

◉ 〈보기〉에 제시된 순서대로 두 줄을 반복하여 아래 표에 그대로 그려 보세요. 표를 완성하는 데 시간이 얼마나 걸리는지 확인해 보세요. 빠르고 정확하게 하는 것이 중요합니다.

보기

○	✕	△	○	✕	△
△	○	✕	△	○	✕

예시

○	✕	△	○		

2) 그대로 그리세요 ★ ★ ★

〈보기〉에 제시된 순서대로 두 줄을 반복하여 아래 표에 그대로 그려 보세요. 표를 완성하는 데 시간이 얼마나 걸리는지 확인해 보세요. 빠르고 정확하게 하는 것이 중요합니다.

보기

×	△	○	/	×	△	○
/	×	△	○	/	×	△

예시

×	△	○				

3) 그대로 그리세요 ★ ★ ★

◉ 〈보기〉에 제시된 순서대로 두 줄을 반복하여 아래 표에 그대로 그려 보세요. 표를 완성하는 데 시간이 얼마나 걸리는지 확인해 보세요. 빠르고 정확하게 하는 것이 중요합니다.

보기

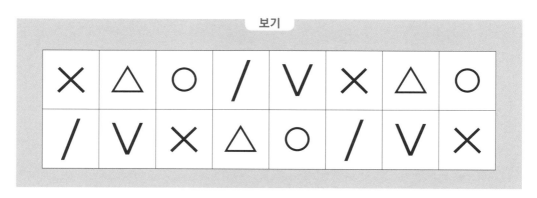

예시

×	△	○					

1) 그대로 써 보세요 ★ ★ ★

◉ 〈보기〉에 제시된 순서대로 두 줄을 반복하여 아래 표에 그대로 써 보세요. 표를 완성하는 데 시간이 얼마나 걸리는지 확인해 보세요. 빠르고 정확하게 하는 것이 중요합니다.

보기

가	나	다	가	나	다
거	너	더	거	너	더

예시

가	나				

2) 그대로 써 보세요 ★★★

◉ 〈보기〉에 제시된 순서대로 두 줄을 반복하여 아래 표에 그대로 써 보세요. 표를 완성하는 데 시간이 얼마나 걸리는지 확인해 보세요. 빠르고 정확하게 하는 것이 중요합니다.

보기

갸	냐	댜	랴	먀	뱌	샤
겨	녀	뎌	려	며	벼	셔

예시

갸	냐					

3) 그대로 써 보세요 ★ ★ ★

◉ 〈보기〉에 제시된 순서대로 두 줄을 반복하여 아래 표에 그대로 써 보세요. 표를 완성하는 데 시간이 얼마나 걸리는지 확인해 보세요. 빠르고 정확하게 하는 것이 중요합니다.

보기

수	우	주	추	쿠	투	푸	후
슈	유	쥬	츄	큐	튜	퓨	휴

예시

수	우						

1) 나를 찾아 주세요 ★ ★ ★

◉ 친구가 건넨 쪽지에 암호가 적혀 있습니다. 기호와 글자를 잘 살펴본 후, 암호를 풀어 보세요.

☺	⚑	☀	♪

✂	🍎	𝄞

2) 나를 찾아 주세요 ★ ★ ★

◉ 엄마가 심부름을 시키셨습니다. 쪽지에 적힌 기호와 글자를 잘 보고 암호를 풀어 보세요.

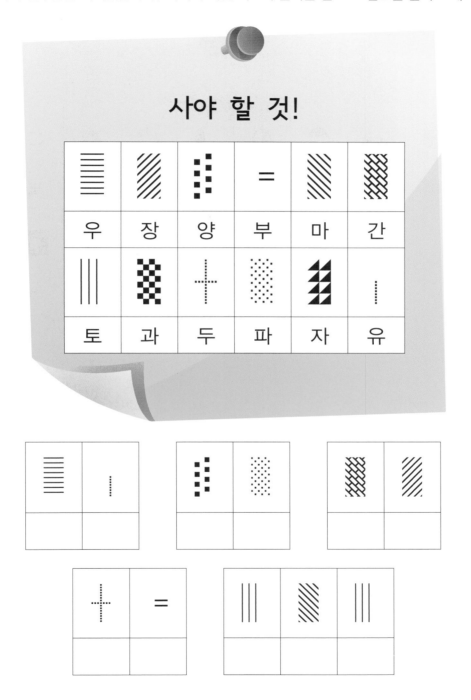

3) 나를 찾아 주세요 ★ ★ ★

◉ 엄마가 심부름을 시키셨습니다. 쪽지에 적힌 기호와 글자를 잘 보고 암호를 풀어 보세요.

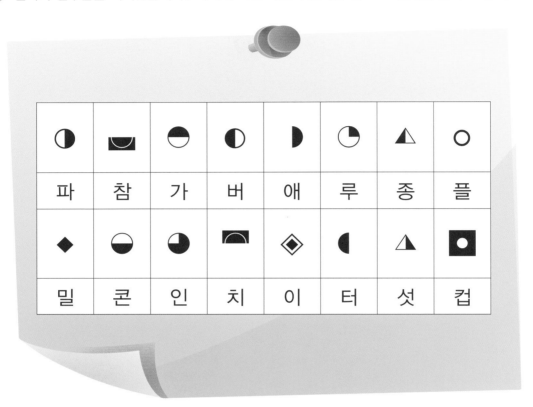

4) 나를 찾아 주세요 ★★★

교실 중앙에 초록, 빨강, 파랑의 하트가 담긴 바구니가 놓여 있습니다. 〈시작〉부터 화살표 방향을 따라 이동하며, 똑같은 색깔의 하트를 찾아서 어떤 바구니에 넣어야 할지 선을 연결해 봅시다.

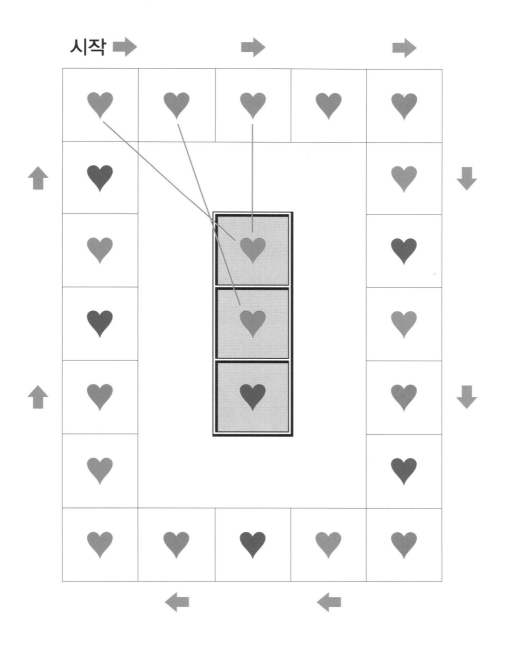

◉ 음식을 만드는 데 필요한 재료들이 〈보기〉에 적혀 있습니다. 아래 기호들을 보고 각각의 냄비에 어떤 재료가 몇 개 필요한지 적어 보세요.

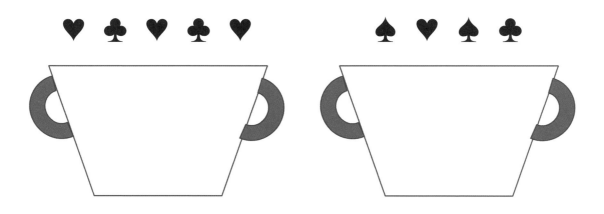

6) 나를 찾아 주세요 ★★★

음식을 만드는 데 필요한 재료들이 〈보기〉에 적혀 있습니다. 아래 기호들을 보고 각각의 냄비에 어떤 재료가 몇 개 필요한지 적어 보세요.

보기

당근	배추	양파	버섯	감자
Ø	Ш	И	Ж	Д

1)
Ø И И Ø И
Ж И Ж Ø Ж

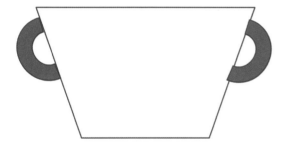

2)
Д И Ж И Ø Ж
Д Ø Ж Ж Д Ø Ж

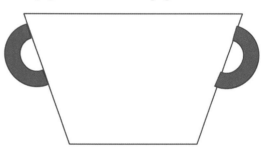

3)
Ш И Ш И Ж Ø
Ж И Ø Ø Ж Д Ж

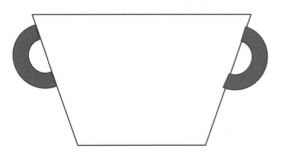

4)
Ж Ø Ж И Ø Ш Ж
Ш Д Ш Ж Ж Ш

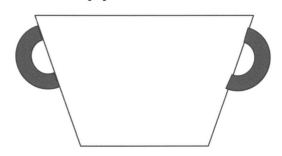

7) 나를 찾아 주세요 ★★★

◉ 교실 중앙에 다양한 음표가 그려진 바구니가 있습니다. 〈시작〉부터 화살표 방향을 따라 이동하며, 똑같은 모양의 음표를 찾아서 선을 연결해 봅시다.

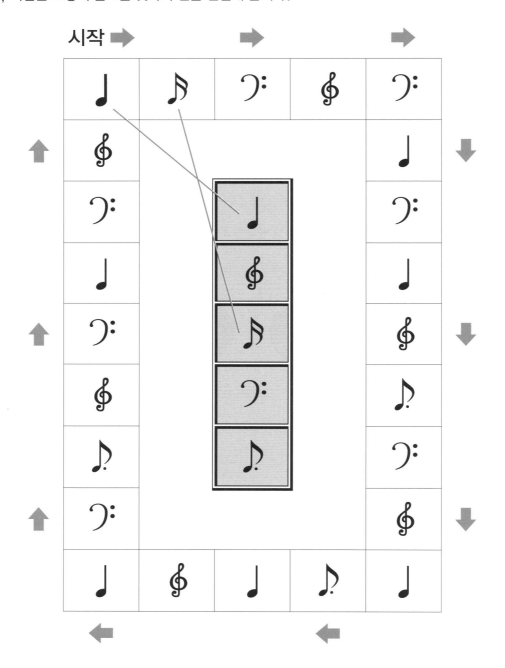

💡 8) 나를 찾아 주세요 ★★★

◉ 음식을 만드는 데 필요한 재료들이 〈보기〉에 적혀 있습니다. 아래 기호들을 보고 각각의 냄비에 어떤 재료가 몇 개 필요한지 적어 보세요.

보기

밀가루	계란	햄	소금	당근	가지	김치
ㅂㄱ	ㅂㄷ	ㅂㅅ	ㄴㅅ	ㄹㄷ	ㄹㅌ	ㅃ

1) ㅂㅅ ㄹㅌ ㅂㄷ ㄴㅅ ㅂㄱ ㄹㄷ ㅃ ㅂㄱ
   ㄹㅌ ㄹㄷ ㄴㅅ ㄹㅌ ㄹㄷ ㄹㄷ ㅃ

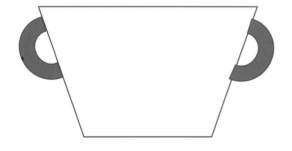

2) ㄹㄷ ㄴㅅ ㅂㅅ ㅃ ㅂㄱ ㄹㄷ ㅂㄱ
   ㅃ ㄹㅌ ㅂㅅ ㄴㅅ ㅃ ㄴㅅ ㄹㅌ

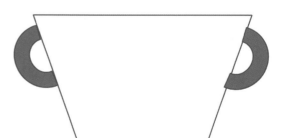

3) ㄴㅅ ㅃ ㅂㄱ ㄴㅅ ㅂㅅ ㄹㅌ ㅂㄱ
   ㅃ ㅂㄱ ㅂㅅ ㄹㅌ ㄹㅌ ㅂㅅ ㅃ

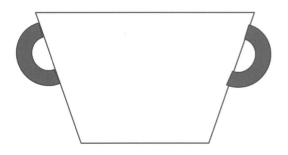

4) ㄴㅅ ㅂㄷ ㄴㅅ ㅂㄱ ㅃ ㄹㄷ ㅂㄷ
   ㅂㄱ ㅃ ㄴㅅ ㅂㄱ ㅂㅅ ㄹㄷ ㅃ

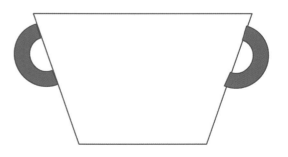

1) 규칙에 따라 색칠하세요 ★★★

👁 빨강과 파랑을 번갈아 가면서 색칠하되, 1부터 3까지의 숫자의 개수만큼 동그라미를 색칠하게 됩니다. 즉, 빨강, 파랑의 순서와 1~3 숫자 개수를 동시에 생각해야 합니다. 〈보기〉가 어떤 규칙으로 되어 있는지 정확히 이해한 후에, 과제를 시작하세요.

※ 보기의 규칙: 빨 → 1개, 파 → 2개, 빨 → 3개, 파 → 1개, 빨 → 2개, 파 → 3개……와 같은 순서의 규칙이 숨어 있습니다.

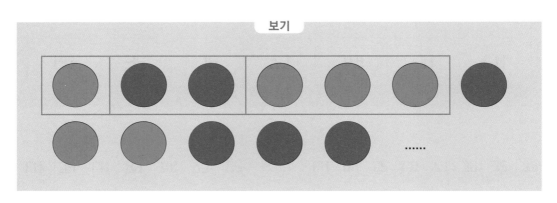

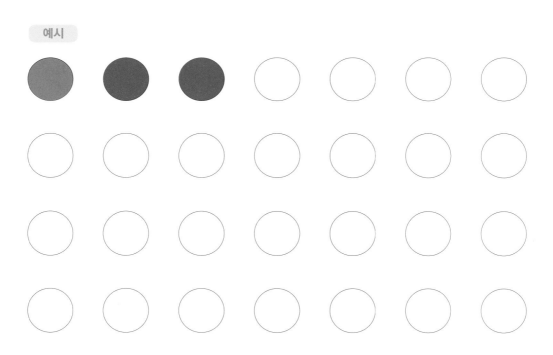

2) 규칙에 따라 색칠하세요 ★★★

빨강과 파랑을 번갈아 가면서 색칠하되, 1부터 5까지의 숫자의 개수만큼 동그라미를 색칠하게 됩니다. 즉, 빨강, 파랑의 순서와 1~5 숫자 개수를 동시에 생각해야 합니다. 〈보기〉가 어떤 규칙으로 되어 있는지 정확히 이해한 후에, 과제를 시작하세요.

보기

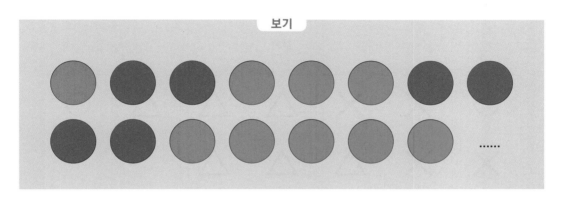

예시

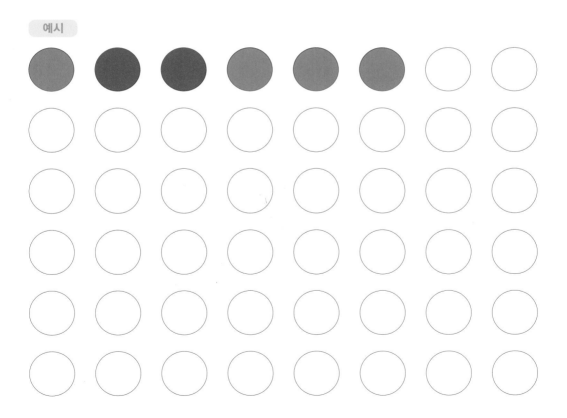

1) 규칙에 따라 그리세요 ★★★

 〈보기〉에는 ○, ×, △의 기호들이 있습니다. 아래의 표에 기호들을 번갈아 적어야 하는데, 이때 1부터 3까지의 숫자의 개수만큼 적으면 됩니다. 즉, 기호의 순서와 개수를 동시에 생각해야 합니다. 〈보기〉가 어떤 규칙으로 되어 있는지 정확히 이해한 후에 과제를 시작하세요.

※ 보기의 규칙: ○ → 1번, × → 2번, △ → 3번, ○ → 1번……이런 식의 규칙이 숨어 있습니다.

보기

○	×	×	△	△	△	○
×	×	△	△	△	……	

예시

○	×	×	△		

2) 규칙에 따라 그리세요 ★ ★ ★

〈보기〉에는 ○, ×, △, ∨, / 기호들이 있습니다. 아래의 표에 기호들을 번갈아 적어야 하는데, 이때 1부터 5까지의 숫자의 개수만큼 적으면 됩니다. 즉, 기호의 순서와 개수를 동시에 생각해야 합니다. 〈보기〉가 어떤 규칙으로 되어 있는지 정확히 이해한 후에 과제를 시작하세요.

보기

○	×	×	△	△	△	∨	∨
∨	∨	/	/	/	/	/	......

예시

○	×	×	△				

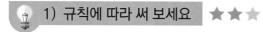 **1) 규칙에 따라 써 보세요** ★ ★ ★

◉ 〈보기〉에는 가, 나, 다 글자가 있습니다. 아래의 표에 3가지 글자를 번갈아 적어야 하는데, 이때 1부터 3까지의 숫자 개수만큼 적으면 됩니다. 즉, 글자와 개수를 동시에 생각해야 합니다. 〈보기〉가 어떤 규칙으로 되어 있는지 정확히 이해한 후에 과제를 시작하세요.

※ 보기의 규칙: 가 → 1번, 나 → 2번, 다 → 3번, 가 → 1번⋯⋯이런 식의 규칙이 숨어 있습니다.

보기

가	나	나	다	다	다	가
나	나	다	다	다	……	

예시

가	나	나	다			

060 1. 필수과제

2) 규칙에 따라 써 보세요 ★★★

글자들을 아래의 칸에 '가, 나, 다, 라, 마'의 순서대로 쓰세요. 단, 선생님과 함께 〈보기〉가 어떤 규칙으로 되어 있는지 알아본 후, 과제를 시작하세요.

※ 보기의 규칙: 가 → 1번, 나 → 2번, 다 → 3번, 라 → 4번, 마 → 5번 적습니다.

보기

가	나	나	다	다	다	라	라
라	라	마	마	마	마	마	가

예시

가	나	나	다				

2. 매칭하기

〈지도방법〉

• 단어, 문장, 숫자, 기호 등을 모사하는 필기연습을 하되, 시간제한을 두는 것도 가능합니다.

• 소근육 운동기능을 증진시킬 수 있는 모든 활동이 가능합니다.

• 타자훈련이 유용합니다.

• 빠른 정보처리를 요하는 모든 활동이 가능합니다.

• 기억력과 지각적 조작을 강조하여야 합니다. 기계적 암기(rote memory)와 모사(copy) 작업도 활용 가능합니다.

• 모든 종류의 기억력 게임과 훈련을 권장합니다. 일부 아동은 추가로 쓰기과제가 더 필요할 수 있습니다.

• 짧은 시간 동안 특정 대상, 형태, 사진, 철자 등을 보여 주고 기억하여 찾기를 합니다.

• 짧은 시, 노래 암송(기억력 훈련), 메모리 게임(그림, 철자, 수로 확장)을 할 수 있습니다.

가. 기억하여 쓰기

1) 나의 짝을 찾아 주세요 ★ ★ ★

◉ 〈보기〉를 보고 각각의 도형들에 해당하는 숫자를 아래에 적어 보세요.
이때 일정한 방향(예: 왼쪽에서 오른쪽, 위에서 아래)을 정하여 순서대로 하세요.

보기

△	□	○
1	2	3

예시

□	△	○	○	△
2	1	3		
○	□	○	□	△
△	○	△	○	□
□	○	△	△	□

2) 나의 짝을 찾아 주세요 ★ ★ ★

◉ 〈보기〉를 보고 각각의 도형들에 해당하는 숫자를 아래에 적어 보세요.
이때 일정한 방향(예: 왼쪽에서 오른쪽, 위에서 아래)을 정하여 순서대로 하세요.

보기

☆	◆	△	♥
6	7	8	9

예시

◆	☆	♥	△	♥	☆
7	6	9			
☆	◆	☆	♥	◆	△
◆	△	♥	☆	△	☆
♥	☆	△	◆	◆	△

3) 나의 짝을 찾아 주세요 ★★★

〈보기〉에는 숫자-색깔 짝이 표시되어 있습니다. 잘 보고 빈칸을 채워 보세요.

보기

0	1	2	3
●	●	●	●

1)

		0	2		3		
●	●		●			●	●

2)

		1		3		0	
●	●	●		●	●		●

3)

2			1				0
	●	●		●	●	●	

가. 기억하여 쓰기 065

💡 4) 나의 짝을 찾아 주세요 ★ ★ ★

◉ 〈보기〉에는 숫자-색깔 짝이 표시되어 있습니다. 잘 보고 빈칸을 채워 보세요.

보기

0	1	2	3
●	●	●	●

1)

●	●	●

–

●	●	●	●

2)

●	●	●	●

–

●	●	●	●

3)

●	●	●

–

●	●	●	●

5) 나의 짝을 찾아 주세요 ★★★

〈보기〉를 보고 각각의 도형들에 해당하는 기호를 빈칸에 적어 보세요.

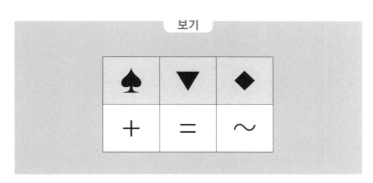

1)

♠	
♦	
▼	
♠	
♦	

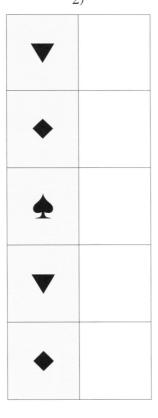

◉ 〈보기〉의 도형–기호 짝을 보고 빈칸을 채워 보세요.

보기

⊡	◇	⊗
Σ	∧	∪

1)

	∪
⊡	
⊗	
	∧
	Σ

2)

◇	
⊗	
	∪
⊡	
	Σ

3)

⊗	
	∧
⊡	
	Σ
◇	

7) 나의 짝을 찾아 주세요 ★ ★ ★

〈보기〉를 보고 각각의 도형들에 해당하는 기호를 빈칸에 적어 보세요. 이때 시간이 얼마나 걸리는지 확인해 보세요. 빠르고 정확하게 하는 것이 중요합니다.

시작 ➡

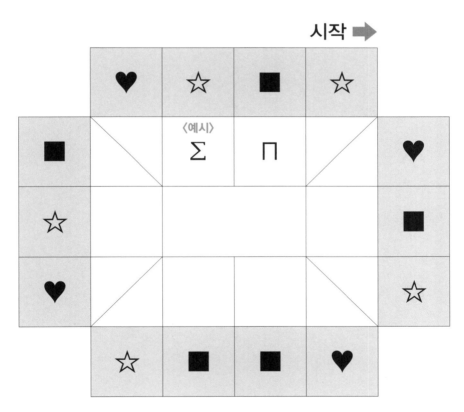

8) 나의 짝을 찾아 주세요 ★ ★ ★

👁 〈보기〉의 도형−기호 짝을 보고 빈칸을 채워 보세요. 이때 시간이 얼마나 걸리는지 확인해
보세요. 빠르고 정확하게 하는 것이 중요합니다.

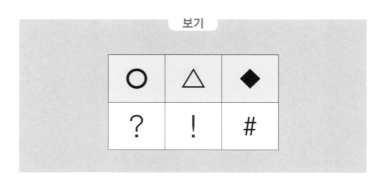

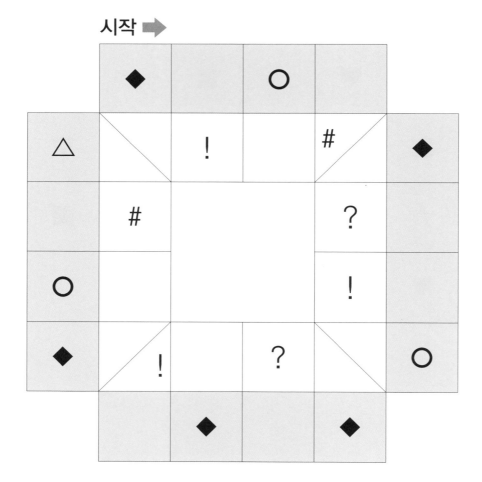

시작 ➡

9) 나의 짝을 찾아 주세요 ★★★

◉ 〈보기〉를 보고 각각의 도형들에 해당하는 알파벳을 아래에 적어 보세요. 이때 일정한 방향(예: 왼쪽에서 오른쪽, 위에서 아래)을 정하여 순서대로 하세요. 시간이 얼마나 걸리는지 확인해 보세요. 빠르고 정확하게 하는 것이 중요합니다.

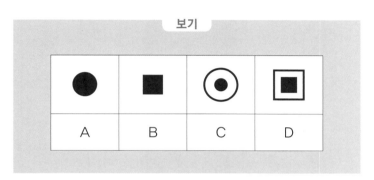

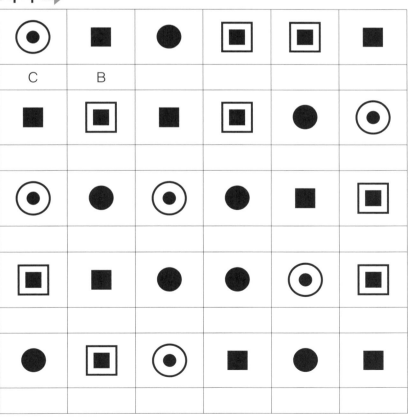

10) 나의 짝을 찾아 주세요 ★ ★ ★

◉ 〈보기〉를 보고 각각의 간식들에 해당하는 기호를 아래에 적어 보세요. 이때 일정한 방향(예: 왼쪽에서 오른쪽, 위에서 아래)을 정하여 순서대로 하세요. 시간이 얼마나 걸리는지 확인해 보세요. 빠르고 정확하게 하는 것이 중요합니다.

11) 나의 짝을 찾아 주세요 ★ ★ ★

◉ 〈보기〉를 보고 각각의 나뭇잎들에 해당하는 기호를 아래에 적어 보세요. 이때 일정한 방향(예: 왼쪽에서 오른쪽, 위에서 아래)을 정하여 순서대로 하세요. 시간이 얼마나 걸리는지 확인해 보세요. 빠르고 정확하게 하는 것이 중요합니다.

시작 ➡

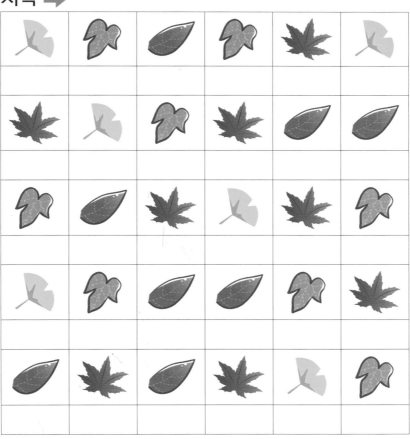

12) 나의 짝을 찾아 주세요 ★★★

◉ 〈보기〉에는 기호와 숫자가 짝지어 있습니다. 잘 보고 빈칸을 채워 보세요. 이때 시간이 얼마나 걸리는지 확인해 보세요. 빠르고 정확하게 하는 것이 중요합니다.

보기

kg	km	mℓ	ℓ	cm	mm
0	1	2	3	4	5

1)

kg		kg	mm		ℓ		cm
	2			1		0	

2)

ℓ		km			cm		ℓ	
	0		2	5		1		0

3)

	mm	kg		kg	ℓ		km
1			3			2	

〈보기〉에는 기호와 숫자가 짝지어 있습니다. 〈보기〉를 보면서 각각의 기호에 해당하는 숫자를 아래 칸에 적어 보세요. 이때 시간이 얼마나 걸리는지 확인해 볼 수 있습니다. 빠르고 정확하게 하는 것이 중요합니다.

보기

kg	km	mℓ	ℓ	cm	mm
0	1	2	3	4	5

예시

1)

kg	mℓ	kg	-	km	ℓ	kg	cm
0	2	0					

2)

ℓ	kg	km	mℓ	-	cm	km	ℓ	kg

3)

km	mm	kg	-	kg	ℓ	mℓ	km

14) 나의 짝을 찾아 주세요 ★ ★ ★

◉ 〈보기〉를 보고 각각의 도형들에 해당하는 기호를 빈칸에 적어 보세요. 이때 시간이 얼마나 걸리는지 확인해 볼 수 있습니다. 빠르고 정확하게 하는 것이 중요합니다.

보기

☀	🍂	☂	⛄
$	#	!	?

예시

🍂	#
☂	!
☀	
⛄	
☀	
🍂	

⛄	
☀	
☂	
🍂	
⛄	
☀	

☀	
☀	
☂	
🍂	
⛄	
☂	

◉ 〈보기〉의 기호-숫자 짝을 보고 빈칸을 채워 보세요. 이때 시간이 얼마나 걸리는지 확인해 볼 수 있습니다. 빠르고 정확하게 하는 것이 중요합니다.

보기

⋈	#	⊕	~
3	4	5	6

예시

#	4
⋈	3
	3
#	
	5
~	

⊕	
	6
#	
	4
	6
⊕	

	5
~	
⋈	
	3
⋈	
	6

16) 나의 짝을 찾아 주세요 ★ ★ ★

◉ 〈보기〉를 보고 각각의 기호에 해당하는 숫자를 빈칸에 적어 보세요. 이때 시간이 얼마나 걸리는지 확인해 볼 수 있습니다. 빠르고 정확하게 하는 것이 중요합니다.

보기

§	※	Ω	Λ
1	2	3	4

시작

※	§	Λ	Λ

Ω				Ω
※				§
§				※
Λ				§
§				Ω

※	§	Λ	※

17) 나의 짝을 찾아 주세요 ★★★

◉ 〈보기〉의 도형-숫자 짝을 보고 빈칸을 채워 보세요. 이때 시간이 얼마나 걸리는지 확인해 볼 수 있습니다. 빠르고 정확하게 하는 것이 중요합니다.

보기

⊗	⊠	◆	◎
5	6	7	8

시작 ↓

가. 기억하여 쓰기 **079**

18) 나의 짝을 찾아 주세요 ★ ★ ★

◉ 〈보기〉를 보고 각각의 도형들에 해당하는 기호를 아래에 적어 보세요. 이때 시간이 얼마나 걸리는지 확인해 볼 수 있습니다. 빠르고 정확하게 하는 것이 중요합니다.

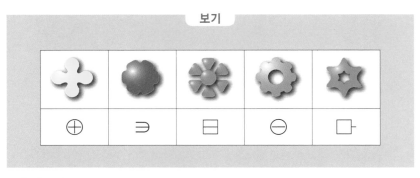

보기

예시

19) 나의 짝을 찾아 주세요 ★★★

◉ 〈보기〉를 보고 각각의 도형들에 해당하는 기호를 아래에 적어 보세요. 이때 시간이 얼마나 걸리는지 확인해 볼 수 있습니다. 빠르고 정확하게 하는 것이 중요합니다.

예시

👁 〈보기〉에는 숫자-기호 짝이 표시되어 있습니다. 잘 보고 빈칸을 채워 보세요. 이때 시간이 얼마나 걸리는지 확인해 볼 수 있습니다. 빠르고 정확하게 하는 것이 중요합니다.

보기

0	1	2	3	4	5	6	7	8	9
∧	※	∪	θ	∩	⊞	∀	⊗	⋈	⊠

1)

θ		∩	⊞		⊗	⋈	
	6			1			8

2)

∀	⊗			⋈	⊞	⊠	
		2	4			6	3

3)

⊞			θ	※	⊗		
	1	0				2	4

21) 나의 짝을 찾아 주세요 ★ ★ ★

⊙ 〈보기〉에는 기호와 숫자가 짝지어 있습니다. 〈보기〉를 보면서, 기호로 적혀 있는 아래 칸을 숫자로 바꾸어 적어 보세요. 이때 시간이 얼마나 걸리는지 확인해 볼 수 있습니다. 빠르고 정확하게 하는 것이 중요합니다.

보기									
0	1	2	3	4	5	6	7	8	9
∧	※	∪	θ	∩	⊞	∀	⊗	⋈	⊠

1)

θ	∪	∀

\-

※	∧	⋈	⋈

2)

⊞	⊗	∧	∀

\-

∩	⊠	∪	θ

3)

∩	※	⊠

\-

※	⊗	∧	⊞

22) 나의 짝을 찾아 주세요 ★ ★ ★

◉ 〈보기〉를 보고 각각의 기호에 해당하는 알파벳을 빈칸에 적어 보세요. 이때 시간이 얼마나 걸리는지 확인해 볼 수 있습니다. 빠르고 정확하게 하는 것이 중요합니다.

보기

※	¤	Ω	@	+
S	R	G	H	W

예시

Ω	G
+	W
※	
¤	
Ω	
@	
Ω	

※	
※	
+	
@	
¤	
※	
+	

¤	
@	
Ω	
※	
+	
@	
※	

2. 매칭하기

23) 나의 짝을 찾아 주세요 ★★★

◉ 〈보기〉의 기호-글자 짝을 보고 빈칸을 채워 보세요. 이때 시간이 얼마나 걸리는지 확인해 볼 수 있습니다. 빠르고 정확하게 하는 것이 중요합니다.

보기

→	<	♩	=	?
ㄲ	ㄸ	ㅃ	ㅆ	ㅉ

	ㅉ
	ㅃ
<	
	ㅆ
→	
	ㄸ
♩	

=	
	ㄸ
	ㄲ
?	
	ㅃ
<	
	ㅆ

<	
=	
	ㅉ
♩	
	ㄲ
	ㅃ
?	

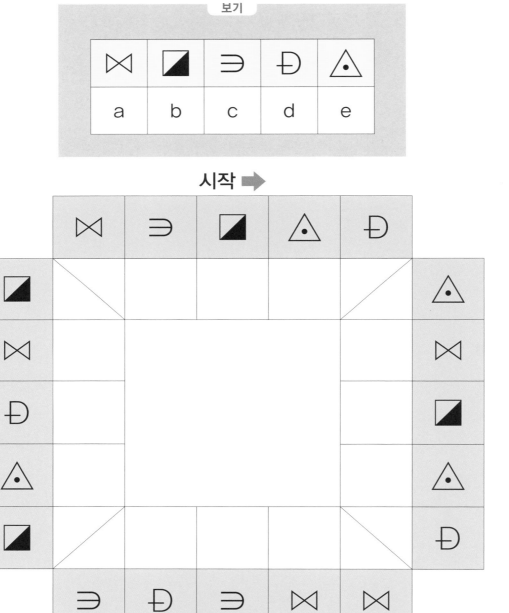

24) 나의 짝을 찾아 주세요 ★★★

〈보기〉를 보고 각각의 기호에 해당하는 글자를 빈칸에 적어 보세요. 이때 시간이 얼마나 걸리는지 확인해 볼 수 있습니다. 빠르고 정확하게 하는 것이 중요합니다.

2

25) 나의 짝을 찾아 주세요 ★★★

〈보기〉의 도형–글자 짝을 보고 빈칸을 채워 보세요. 이때 시간이 얼마나 걸리는지 확인해 볼 수 있습니다. 빠르고 정확하게 하는 것이 중요합니다.

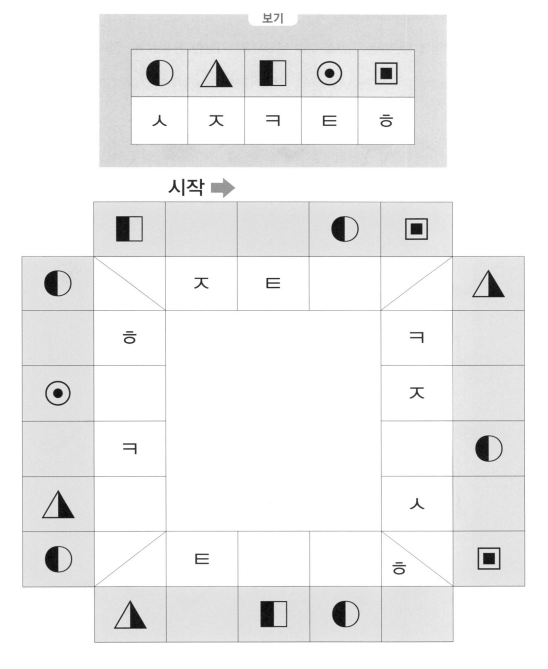

1) 나의 짝을 빠르게 찾아 주세요 ★ ★ ★

◉ 〈보기〉처럼 그림에 해당하는 기호를 그려 넣으세요. 가능한 한 빠르게, 정확하게 하세요.

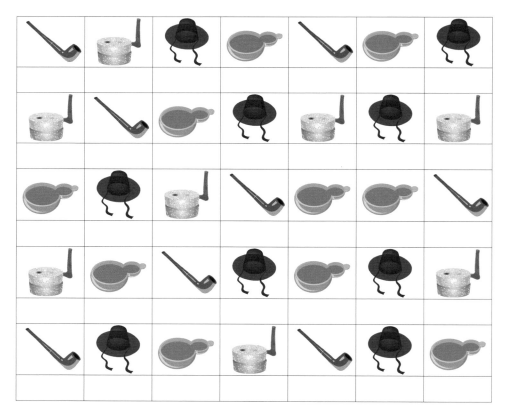

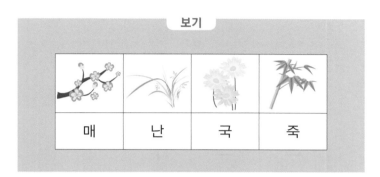

2) 나의 짝을 빠르게 찾아 주세요 ★★★

〈보기〉처럼 그림에 해당하는 글자를 써넣으세요. 가능한 한 빠르게, 정확하게 하세요.

보기

매	난	국	죽

예시

죽	매				

3) 나의 짝을 빠르게 찾아 주세요 ★★★

◉ 〈보기〉처럼 그림에 해당하는 기호를 그려 넣으세요. 이때 시간이 얼마나 걸리는지 확인해 볼 수 있습니다. 빠르고 정확하게 하는 것이 중요합니다.

보기

ð	3	♄	Ɛ
←	→	↑	↓

예시

ð	♄	3	♄	ð	Ɛ	3
←	↑					
Ɛ	3	ð	Ɛ	3	ð	♄
Ɛ	ð	3	♄	ð	Ɛ	3
3	ð	ð	3	ð	3	ð
Ɛ	Ɛ	ð	3	Ɛ	♄	♄
ð	♄	ð	Ɛ	ð	Ɛ	♄

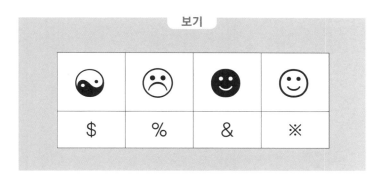

4) 나의 짝을 빠르게 찾아 주세요 ★★★

〈보기〉처럼 그림에 해당하는 기호를 그려 넣으세요. 이때 시간이 얼마나 걸리는지 확인해 볼 수 있습니다. 빠르고 정확하게 하는 것이 중요합니다.

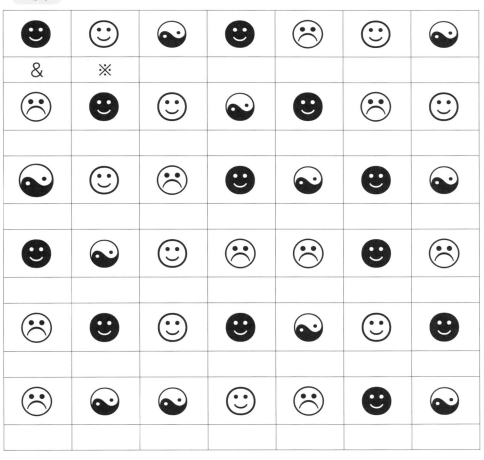

5) 나의 짝을 빠르게 찾아 주세요 ★ ★ ★

◉ 〈보기〉처럼 그림에 해당하는 기호를 그려 넣으세요. 이때 시간이 얼마나 걸리는지 확인해 볼 수 있습니다. 빠르고 정확하게 하는 것이 중요합니다.

보기

예시

🥨	☂	☀	☂	☀	⛄	☀
! !	?					
⛄	🥨	⛄	☀	⛄	☂	🥨
🥨	⛄	☀	⛄	🥨	☂	☀
🥨	⛄	🥨	🥨	☀	⛄	⛄
☀	☀	☂	🥨	⛄	☂	🥨

6) 나의 짝을 빠르게 찾아 주세요 ★★★

◉ 〈보기〉처럼 그림에 해당하는 숫자를 적어 넣으세요. 이때 시간이 얼마나 걸리는지 확인해 볼 수 있습니다. 빠르고 정확하게 하는 것이 중요합니다.

보기

凸	凸	凸	凸
1	2	3	4

예시

1	2					

7) 나의 짝을 빠르게 찾아 주세요 ★ ★ ★

◉ 〈보기〉처럼 그림에 해당하는 숫자를 적어 넣으세요. 이때 시간이 얼마나 걸리는지 확인해 볼 수 있습니다. 빠르고 정확하게 하는 것이 중요합니다.

예시

◉ 〈보기〉처럼 그림에 해당하는 기호를 그려 넣으세요. 이때 시간이 얼마나 걸리는지 확인해 볼 수 있습니다. 빠르고 정확하게 하는 것이 중요합니다.

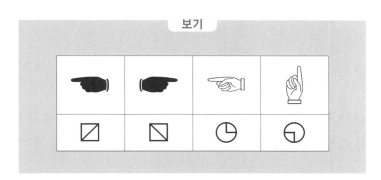

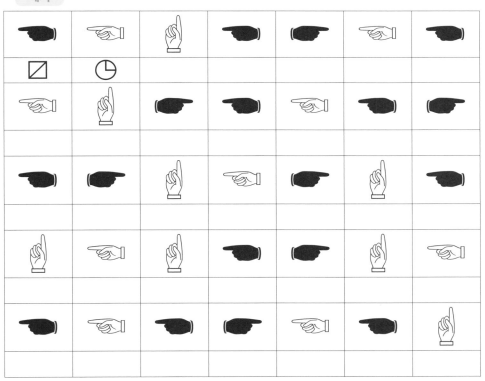

3. 채워넣기

〈지도방법〉

- 여러 가지 기호, 상징(문자, 숫자), 형태, 문장, 그림, 사물 등 같은 것끼리 짝짓는 연습을 합니다.
- 동물, 그림, 나무 등의 그림에서 숨겨진 형태 찾기, 철자 행렬에서 숨겨진 단어 찾기, 문장과 절에서 특정한 단어 찾기, 다른 절에서 특정한 단어와 문자 찾기와 같은 활동을 합니다.
- 같은 그림 찾기, 다른 그림 찾기, 숨은그림찾기, 달라진 부분 찾기 등의 활동을 합니다.
- 두 개의 다른 그룹이나 문단에서 똑같은 글자나 단어를 찾아 표시해 봅니다.
- 물체와 글자를 단순하게 짝짓는 활동(예: 사과 - ㅅ)을 합니다.
- 누가 빨리 하는지 경주를 하거나 시간 내 과제 완수하기로 시간에 대한 압박을 줄 수도 있습니다.
- 대문자, 소문자, 필기체 등을 짝짓는 활동(다양한 글자체에서 같은 글자 찾아 잇기)을 할 수 있습니다.
- 빠른 결정을 요구하는 게임을 합니다.

가. 변별 & 추적하기

💡 1) 나를 찾아 주세요 ★ ★ ★

◉ 보기와 똑같은 모양을 오른쪽에서 찾아서 동그라미 하고 몇 개인지 적어 보세요.
최대한 빠르고 정확하게 하는 것이 중요합니다.

3

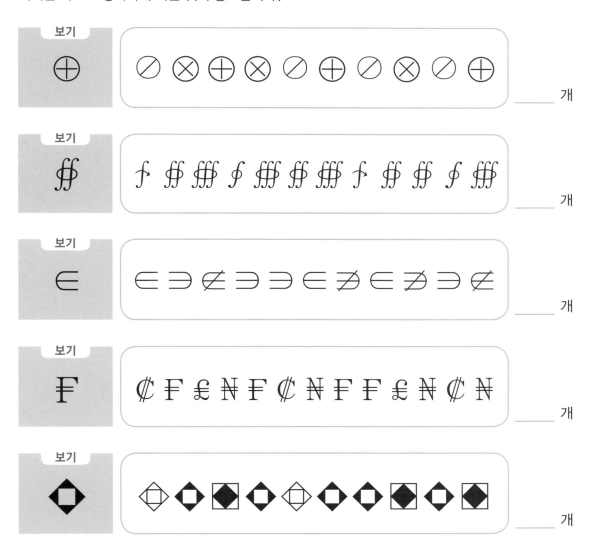

보기

_____ 개

보기

_____ 개

보기

_____ 개

보기

_____ 개

보기

_____ 개

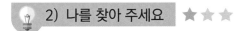

2) 나를 찾아 주세요 ★ ★ ★

◉ 보기와 똑같은 모양을 오른쪽에서 찾아서 동그라미 하고 몇 개인지 적어 보세요.
최대한 빠르고 정확하게 하는 것이 중요합니다.

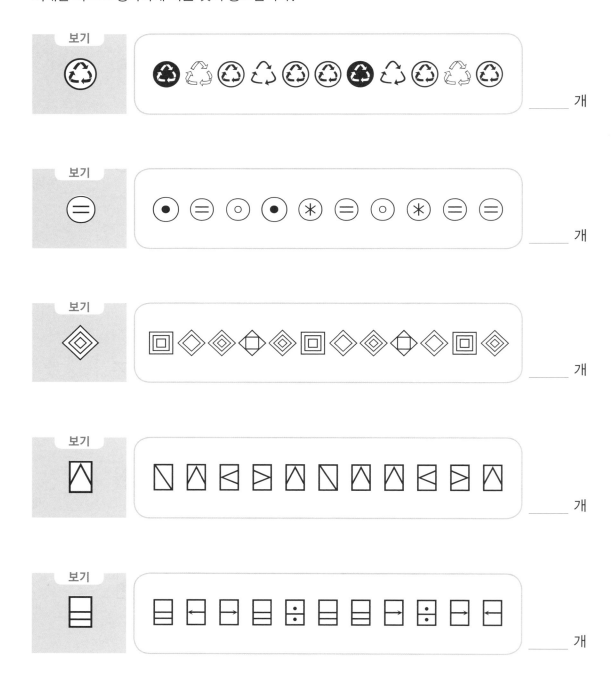

 3) 나를 찾아 주세요 ★ ★ ★

◉ 〈보기〉와 똑같은 기호를 오른쪽에서 찾아서 동그라미 하고 몇 개인지 적어 보세요.
이때 최대한 빠르고 정확하게 하는 것이 중요합니다.

_____ 개

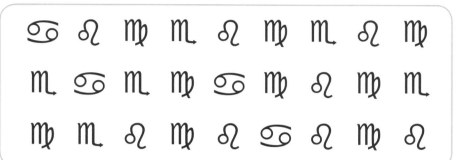

_____ 개

_____ 개

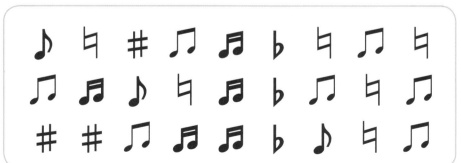

가. 변별 & 추적하기 **099**

◉ 〈보기〉와 똑같은 기호를 오른쪽에서 찾아서 동그라미 하고 몇 개인지 적어 보세요.
이때 최대한 빠르고 정확하게 하는 것이 중요합니다.

보기

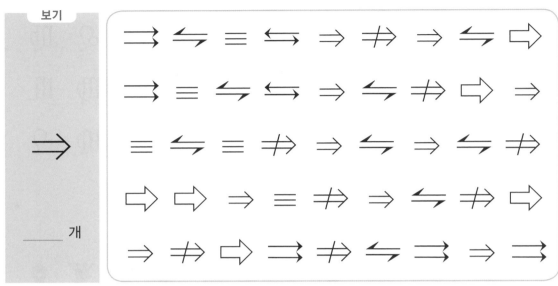

⇒

_____ 개

보기

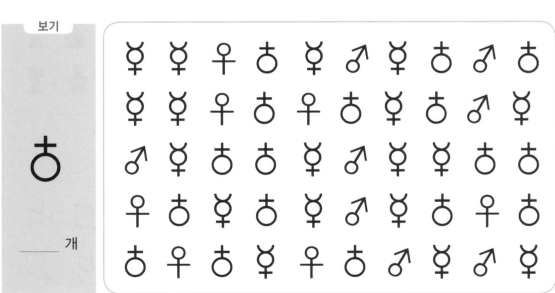

_____ 개

◉ 탑의 가장 꼭대기에 있는 글자와 똑같은 글자들이 몇 개인지 찾아서 동그라미 하세요. 그리고 난 후, 가장 아래에는 몇 개가 같았는지 개수를 쓰세요. 빠르고 정확하게 하는 것이 중요합니다.

ㅜ
ㅠ
ㄱ
ㅠ
ㅛ
ㅗ
ㄱ
ㅜ
ㅜ
ㅜ
r

( )

야
어
야
아
얘
이
야

( )

뱌
바
벼
뱌
벼
바
뱌
뱌
벼
배

( )

용
융
웅
옹
용
융

( )

뽑
뽐
봄
뽑
뽑
뽑
뽐
뽑
뽐
뽐
뽑

( )

◉ 탑의 가장 꼭대기에 있는 글자와 똑같은 글자들이 몇 개인지 찾아서 동그라미 하세요. 그리고 난 후, 가장 아래에는 몇 개가 같았는지 개수를 쓰세요. 빠르고 정확하게 하는 것이 중요합니다.

뾰		참		뺨
뽀		참		뺨
표		참		뺩
뾰		찱		뺴
표	휙	찰		뺨
보	휙	찱	탱	뺩
표	홱	찱	탱	빨
뾰	휙	참	팅	뺙
표	홱	찱	텡	뺨
뽀	휙	참	탕	뺨
뾰	휙	찹	텡	뺌

(   )   (   )   (   )   (   )   (   )

7) 나를 찾아 주세요 ★ ★ ★

◉ 〈보기〉와 똑같은 모양을 표시된 방향대로 따라가면서 모두 찾아서 동그라미 하고 몇 개인지 적어 보세요. 초시계를 사용하여 완성시간을 확인해 보세요. 이때 최대한 빠르고 정확하게 하는 것이 중요합니다.

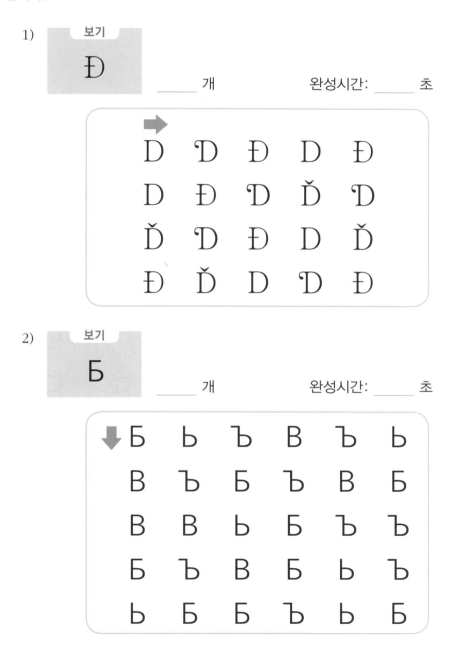

1)

보기

Đ

_____ 개   완성시간: _____ 초

2)

보기

Б

_____ 개   완성시간: _____ 초

8) 나를 찾아 주세요 ★ ★ ★

◉ 〈보기〉와 똑같은 모양을 표시된 방향대로 따라가면서 모두 찾아서 동그라미 하고 몇 개인지 적어 보세요. 초시계를 사용하여 완성시간을 확인해 보세요. 이때 최대한 빠르고 정확하게 하는 것이 중요합니다.

보기

Ë

_____ 개　　　　　　　　완성시간: _____ 초

➡

Ê	Ë	É	Ê	Ë	É	Ê
E	Ê	E	É	E	Ë	É
E	Ê	Ë	E	Ë	E	Ë
Ê	Ê	É	Ê	Ê	É	E
É	É	Ë	Ë	E	Ê	E
Ê	Ë	Ê	Ê	Ê	Ê	Ë
Ë	Ê	Ë	Ë	Ê	É	É

◉ 〈보기〉와 똑같은 모양의 글자를 오른쪽에서 찾아서 동그라미 하고 몇 개인지 적어 보세요.
이때 최대한 빠르고 정확하게 하는 것이 중요합니다.

보기
글
[_____ 개]

글 굴 글 길 글 굴 골 귤 글

굴 글 길 갈 골 굴 글 길 글

륵 금 글 골 글 길 글 골 글

길 길 골 글 금 극 근 글 길

보기
옷
[_____ 개]

옷 웃 웃 잇 옷 웃 욧

웃 윳 옷 웃 옷 옷 웃

잇 엿 웃 옷 웃 웃 옷

웃 욧 윳 옷 옷 웃 옷

〈보기〉와 똑같은 모양의 글자를 오른쪽에서 찾아서 동그라미 하고 몇 개인지 적어 보세요. 이때 최대한 빠르고 정확하게 하는 것이 중요합니다.

보기

새벽

[_____ 개]

세벽 새벽 새벅 새벽 재벽 세벽

사벽 세벅 새벽 새빅 새멱 새벽

새벅 시벽 개벽 재벽 새벽 새벅

새벽 세벽 세벅 새멱 새붸 세뱍

보기

낱말

[_____ 개]

낱말 낱말 날말 닡말 날맡 말낱

낱맡 날밀 낱멀 낱말 낱밀 날말

낱말 낱말 날맡 날발 낱발 낱밀

낱말 날밀 날날 말낱 맡날 날탐

말낱 낱말 날말 닐맡 닡말 날맡

11) 나를 찾아 주세요 ★ ★ ★

👁 〈보기〉와 똑같은 모양을 표시된 방향대로 따라가면서 모두 찾아서 동그라미 하고 몇 개인지 적어 보세요. 초시계를 사용하여 완성시간을 확인해 보세요. 이때 최대한 빠르고 정확하게 하는 것이 중요합니다.

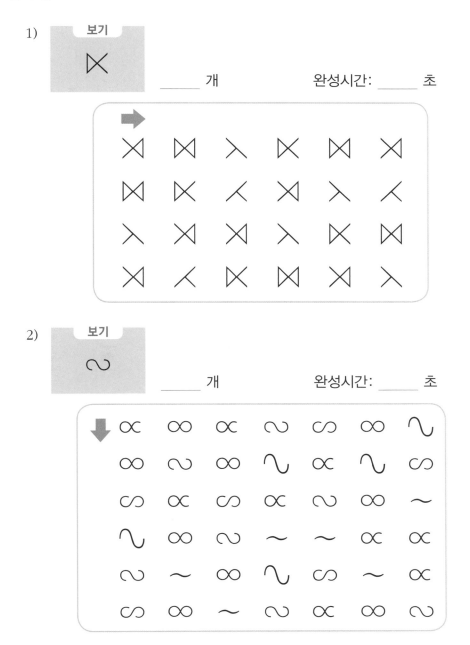

1)

보기

_____ 개   완성시간: _____ 초

2)

보기

_____ 개   완성시간: _____ 초

3

가. 변별 & 추적하기 **107**

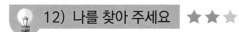

12) 나를 찾아 주세요 ★★★

◉ 〈보기〉와 똑같은 모양을 표시된 방향대로 따라가면서 모두 찾아서 동그라미 하고 몇 개인지 적어 보세요. 초시계를 사용하여 완성시간을 확인해 보세요. 이때 최대한 빠르고 정확하게 하는 것이 중요합니다.

보기

_____ 개   완성시간: _____ 초

➡

13) 나를 찾아 주세요 ★ ★ ★

〈보기〉에 두 종류의 기호가 있습니다. 두 기호와 똑같이 생긴 기호들을 각각 찾아서 동그라미 하고, 모두 몇 개인지 적어 보세요. 빠르고 정확하게 하는 것이 중요합니다.

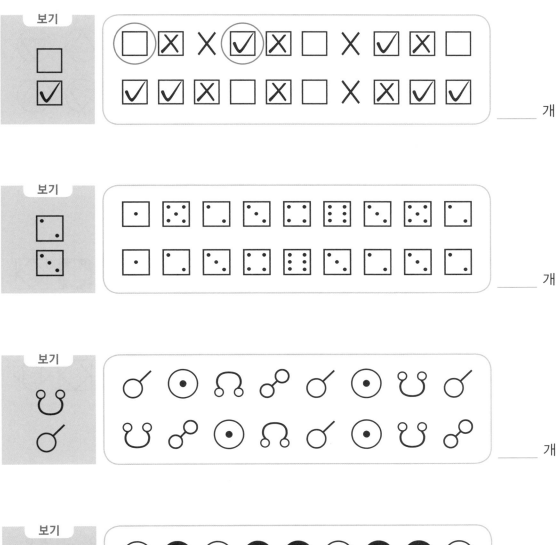

_____ 개

_____ 개

_____ 개

_____ 개

14) 나를 찾아 주세요 ★★★

◉ 〈보기〉의 모양과 똑같은 모양을 모두 찾아서 동그라미 하세요. 시간제한을 두어서, 시간이 얼마나 걸리는지 측정해 볼 수 있어요.

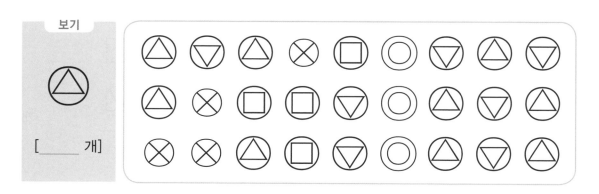

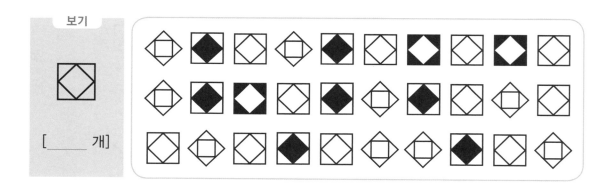

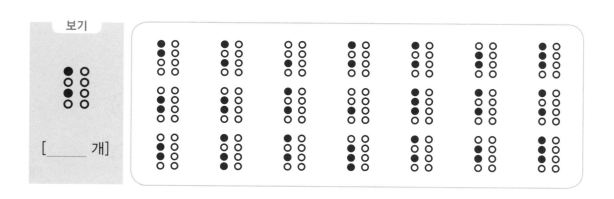

15) 나를 찾아 주세요 ★★★

〈보기〉에 두 가지 철자가 있습니다. 두 철자와 똑같이 생긴 것을 <u>각각</u> 찾아서 동그라미 하고 <u>모두 몇 개인지</u> 적어 보세요. 빠르고 정확하게 하는 것이 중요합니다.

보기

ㄱ
ㄴ

ㄱ ㄴ ㄷ ㄹ ㄱ ㄴ ㄴ ㄱ ㄷ ㅇ ㄴ ㄹ
ㅁ ㄷ ㄱ ㄴ ㅋ ㄷ ㄴ ㅌ ㄱ ㄴ ㅂ ㅈ

_____ 개

보기

ㅏ
ㅑ

ㅏ ㅑ ㅕ ㅓ ㅣ ㅑ ㅓ ㅑ ㅜ ㅢ ㅘ ㅕ
ㅑ ㅣ ㅓ ㅣ ㅗ ㅑ ㅖ ㅒ ㅐ ㅏ ㅑ

_____ 개

보기

ㅃ
ㅉ

ㅃ ㅉ ㄲ ㅁ ㅃ ㄹ ㄴ ㅋ ㄲ ㅃ ㅂ ㅈ
ㄲ ㄴ ㄴ ㄲ ㄸ ㅊ ㅆ ㅋ ㅃ ㅁ ㄷ ㅉ

_____ 개

보기

ㅛ
ㅠ

ㅏ ㅠ ㅣ ㅟ ㅑ ㅖ ㅒ ㅠ ㅝ ㅏ ㅣ ㅛ
ㅖ ㅑ ㅠ ㅛ ㅖ ㅕ ㅠ ㅣ ㅔ ㅑ ㅏ ㅠ

_____ 개

◉ 〈보기〉의 단어를 오른쪽에서 모두 찾아서 동그라미 하고, 몇 개인지 적어 보세요.

보기

가방

[_____ 개]

가발교방자그가바고가빙동방가밤가
가방가삿가쥭바죽가뱡거뱡가가벙뱡
갸방기방가방가뱡방가가방가벙가빙

보기

학교

[_____ 개]

혁교학교훅교학교학그교헥교학교
혁규힉교학교학고햑교헉고혁교학
학구학고훅교함교핵규학교학고혁

보기

친구

[_____ 개]

칭구친규침규친구찬교찬구친구칠
구친구진구찐구킨구친구찰규친구

보기

안경

[_____ 개]

인경얀경인경안깅안경안겅인경얀경
안경언경알경암경안겹안경안안겅안

◉ 〈보기〉와 똑같은 모양의 글자를 오른쪽에서 찾아서 동그라미 하고 몇 개인지 적어 보세요.
이때 최대한 빠르고 정확하게 하는 것이 중요합니다.

보기

탹

[_____개]

탁	탹	탸	톡	탁	톡	턱	턱	틱	턱	턱	탹	탸	톡	탁
탹	탁	탸	톡	틱	턱	턱	턱	톡	톡	탸	탹	턱	탹	탸
톡	탁	탹	탹	탹	턱	톡	틱	탁	턱	탸	탁	턱	턱	탁
탹	탁	탸	탹	탸	틱	톡	탁	턱	턱	탹	탹	탸	탁	탁

보기

퀘

[_____개]

퀙	퀘	궤	귀	궉	궥	퀘	케
궥	퀙	꿰	궉	궥	퀘	궥	귀
퀙	궤	꿰	궉	퀘	귀	퀙	궤
궉	궤	궥	퀘	퀘	퀘	퀘	궤
퀙	궥	궤	궥	궉	궤	궥	궥
퀙	퀘	퀘	궥	퀘	궤	퀙	궥

18) 나를 찾아 주세요 ★★★

◉ 〈보기〉와 똑같은 모양을 표시된 방향대로 따라가면서 모두 찾아서 동그라미 하고 몇 개인지 적어 보세요. 초시계를 사용하여 완성시간을 확인해 보세요. 이때 최대한 빠르고 정확하게 하는 것이 중요합니다.

보기

$\frac{1}{3}$

_____ 개   완성시간: _____ 초

➡

$\frac{3}{5}$	$\frac{2}{3}$	$\frac{1}{3}$	$\frac{1}{6}$	$\frac{7}{8}$	$\frac{5}{6}$	$\frac{1}{3}$	$\frac{1}{3}$
$\frac{2}{3}$	$\frac{1}{8}$	$\frac{1}{6}$	$\frac{7}{8}$	$\frac{2}{3}$	$\frac{1}{3}$	$\frac{1}{8}$	$\frac{1}{3}$
$\frac{1}{6}$	$\frac{2}{5}$	$\frac{2}{5}$	$\frac{1}{2}$	$\frac{3}{5}$	$\frac{2}{3}$	$\frac{1}{3}$	$\frac{7}{8}$
$\frac{2}{5}$	$\frac{1}{3}$	$\frac{2}{5}$	$\frac{1}{3}$	$\frac{3}{5}$	$\frac{1}{6}$	$\frac{3}{5}$	$\frac{3}{5}$
$\frac{7}{8}$	$\frac{3}{5}$	$\frac{1}{3}$	$\frac{1}{8}$	$\frac{2}{5}$	$\frac{1}{3}$	$\frac{3}{4}$	$\frac{2}{5}$
$\frac{3}{5}$	$\frac{1}{3}$	$\frac{5}{6}$	$\frac{1}{3}$	$\frac{3}{5}$	$\frac{2}{3}$	$\frac{3}{5}$	$\frac{5}{6}$
$\frac{1}{4}$	$\frac{2}{5}$	$\frac{1}{3}$	$\frac{1}{2}$	$\frac{3}{5}$	$\frac{7}{8}$	$\frac{2}{5}$	$\frac{1}{6}$
$\frac{1}{2}$	$\frac{1}{3}$	$\frac{3}{5}$	$\frac{2}{3}$	$\frac{7}{8}$	$\frac{2}{3}$	$\frac{2}{3}$	$\frac{1}{3}$

19) 나를 찾아 주세요 ★★★

〈보기〉의 단어를 오른쪽에서 모두 찾아서 동그라미 하고, 몇 개인지 적어 보세요.

보기

선생님
[____ 개]

신생님선샹님선생님손샹님선생님선
생남섯생넘선상님선생님션생님선생
선생님생선님선생님샹님신생님선님

보기

컴퓨터
[____ 개]

킴퓨터컴퓨터컴포터컴퓨터킴퓨터콤
퓨터켐컴푸터캄퓨터컴푸터컴퓨터컴
퓨티컴표터컴컴표티컴퓨터컴퓨테캠

보기

손수건
[____ 개]

손소건순수건순소긴손수건손건수숀
수건손스건손수견손건수숀수건손수
손수건순수건손건순수긴손수견손수

보기

교과서
[____ 개]

교고서교과서교솨서교괴서교과서고과
서교과시교과시교구서교놔서규과서교
구교과서교고서과서교과서교괴과서교

가. 변별 & 추적하기 **115**

💡 20) 나를 찾아 주세요 ★ ★ ★

◉ 〈보기〉와 똑같은 모양의 글자를 오른쪽에서 찾아서 동그라미 하고 몇 개인지 적어 보세요.
이때 최대한 빠르고 정확하게 하는 것이 중요합니다.

보기								
	딹	딸	딸	딲	딹	딱	땀	닭
	땅	땍	딻	떡	딹	떻	딱	땀
딹	딹	떍	땀	딱	땀	딹	떡	딸
	딱	딹	딲	땀	땅	땍	딲	떡
	딹	떻	떡	땀	땅	땍	딱	딸
[개]	떡	딸	딲	딹	땜	딹	딲	딹
	땀	땅	떻	떡	딱	땀	떡	땨

보기								
	흙	흑	흟	흚	흟	흑	흚	흟	흑
	흟	흟	훌	흟	흟	흟	흌	흟	흟
흟	흟	흟	흚	흙	흟	흌	흟	흑
	흟	흟	흟	흑	흟	흟	흙	흌	흟
	흟	흟	흟	흟	흟	흙	흌	흟	흟
[개]	흟	흙	흌	흟	흟	흟	흟	흟	흟

◉ 〈보기〉와 똑같은 모양의 글자를 오른쪽에서 찾아서 동그라미 하고 몇 개인지 적어 보세요. 이때 최대한 빠르고 정확하게 하는 것이 중요합니다.

보기	
뚫다	뚫다 뚫다 뚫다 뭃다 뭃다 뚥다 뚤다 뚥다 뚫다 뚥다 뚫다 뚫다 뚫다 뭃다 뚥다 뚫다 뚫다 뚥다 뭃다 뚥다 뚫다 뚥다 뚫다 뚫다 뭃다 뚫다 뚫다 뚥다 뚫다 뚫다
[＿＿＿개]	

보기	
훑꼬	훑고 훑꼬 훑코 훑코 훑꼬 훑꼬 훑코 훑쿄 훑코 훑고 훑코 훑꼬 훑코 훑쿄 훑코 훑고 훑고 흙꼬 훑꼬 훑꼬 훑코 훑코 훑꼬 훑고 훑꼬 훑코 훑꼬 훑꼬 훑코 흙꼬 훑꼬 훑코 훑쿄 훑코 훑고 훑코 훑코 훑꼬 훑고 훑꼬 훑코 훑꼬
[＿＿＿개]	

22) 나를 찾아 주세요 ★★★

👁 〈보기〉와 똑같은 모양의 단어를 오른쪽에서 찾아서 동그라미 하고 몇 개인지 적어 보세요.
초시계를 사용하여 <u>완성시간</u>을 확인해 보세요. 이때 최대한 빠르고 정확하게 하는 것이 중요합니다.

보기

뽁컍앎

[_____ 개]
[_____ 초]

뽈컍앎 뽁칵알 뽁컍앎 뽈컍앎

뽁킥암 뽁칵알 뽁컍앎 뽁칵암

뽁칵앎 뽁컍앎 뽂칵임 복컍앎

복컍앎 뽁컍앎 볶컍앎 뿍칼앎

뽁컍앎 뽁컍앎 뽁컍앎 뽁칵앎

보기

긁쟝촉

[_____ 개]
[_____ 초]

긁쟝콕 글쟝촉 긇쟝촉 긁쟝축

긁쟝촉 긁쟝축 긇쟝촉 긁졍축

긁쟝축 긁졍촉 긇쟝촉 글쟝축

긁쟝축 글쟝촉 긁졍축 긇쟝촉

긁쟝촉 긇쟝촉 긁졍촉 긁졍촉

1) 내 것을 찾아 주세요 ★ ★ ★

◎ 〈보기〉와 똑같은 모양의 단어를 오른쪽에서 찾아서 동그라미 하고 몇 개인지 적어 보세요.
큰 소리로 읽으면서 찾아보세요. 초시계를 사용하여 <u>완성시간</u>을 확인해 보세요.

보기

연예인

언예인	예언인	연여인
연여인	연예인	언예인
예언인	연여인	연여인
연얘인	언에인	예언인
예언인	연여인	연예인
연여인	언예인	연얘인
연예인	언에인	연예인
연얘인	연예연	연여인
언예인	예언인	연얘인
연예인	연예연	언예인
예언인	연예인	연여인

_____ 개   완성시간: _____ 초

가. 변별 & 추적하기 **119**

◉ 〈보기〉와 똑같은 모양의 단어를 오른쪽에서 찾아서 동그라미 하고 몇 개인지 적어 보세요.
큰 소리로 읽으면서 찾아보세요. 초시계를 사용하여 완성시간을 확인해 보세요.

보기

강낭콩

강닝컹	강낭콤	강남콩
강낭콩	깅낭콩	걍낭콩
깅낭콩	걍낭콩	감낭콩
감낭콩	강남콩	강낭콩
강낭콩	감낭콩	깅낭콩
강남콩	감낭콩	걍낭콩
강낭콩	강낭콩	감낭콩
강낭콩	강남콩	강낭콩
깅낭콩	걍낭콩	깅낭콩
감낭콩	강낭콩	강남콩
강남콩	깅낭콩	걍낭콩

_____ 개   완성시간: _____ 초

〈보기〉와 똑같은 모양의 단어를 오른쪽에서 찾아서 동그라미 하고 몇 개인지 적어 보세요. 큰 소리로 읽으면서 찾아보세요. 초시계를 사용하여 완성시간을 확인해 보세요.

보기

초코쵸코

초코초코	초쿄초쿄	초코조코
초코초코	초코쵸코	조코쵸코
초쿄초고	초코쵸코	초코쵸코
초코쵸코	초쿄초고	조코쵸코
코초쿄초	초코초코	초코초코
초코쵸코	초쿄초고	조코쵸코
초코초코	코초쿄초	초코쵸코
초코쵸코	초코초코	조코쵸코
초코쵸코	초코쵸코	초코초코
코초쿄초	쵸코쵸코	코초쿄초
초고초코	초코쵸코	초코쵸코

_____ 개   완성시간: _____ 초

💡 **4) 내 것을 찾아 주세요** ★ ★ ★

◉ 〈보기〉와 똑같은 모양의 단어를 오른쪽에서 찾아서 동그라미 하고 몇 개인지 적어 보세요. 큰 소리로 읽으면서 찾아보세요. 초시계를 사용하여 완성시간을 확인해 보세요.

보기

간장공장

강장공장	간장공장	간잠곰장
간장공잠	간징공장	긴장공장
간장긍장	강장공장	간장공장
긴장공장	간잠곰장	간장공잠
간장공장	긴장공장	간징공장
간잠곰장	간장긍장	간장공징
간장공징	강장공장	간장공잠
간징공장	긴장공장	간잠곰장
간장공잠	간장공장	간장공장
강장공장	간징공장	강잔공장
간장공장	간장공징	간장공장

_____ 개   완성시간: _____ 초

정보처리 영역 워크북 답안

❶ 필수과제

가. 빠르게 말하기

반대로 말해요

`p. 15` (예시 포함)

이	일	이
일	이	일
일	일	이
이	이	일

`p. 16` (예시 포함)

오	사	오	오	사
사	오	오	사	사
사	오	사	사	오
오	사	오	사	사
오	오	사	오	사
사	오	오	사	오

`p. 17` (예시 포함)

검	노	노
검	노	검
노	검	노
검	노	검
노	검	노

`p. 18` (예시 포함)

위	아래	위	위
아래	위	아래	아래
위	아래	위	아래
위	위	아래	위

`p. 19` (예시 포함)

짱	꽝	짱	꽝
꽝	짱	꽝	짱
꽝	꽝	짱	꽝
짱	꽝	짱	꽝
짱	짱	꽝	짱

`p. 20` (예시 포함)

호	하	하	호	하	호
하	호	하	호	하	하
호	하	하	하	호	하
하	호	하	호	하	호

하	하	호	하	호	하
하	호	하	하	하	호

p. 21 (예시 포함)

카	타	카	카	타	카	타
타	카	타	카	타	타	카
카	타	카	타	카	타	카
타	카	타	타	카	카	타
카	타	카	타	카	카	타
카	타	타	카	타	카	타
타	카	타	카	카	타	카

p. 22 (예시 포함)

노랑	빨강	노랑	빨강	빨강
빨강	빨강	노랑	빨강	노랑
노랑	빨강	빨강	노랑	빨강
빨강	노랑	빨강	노랑	빨강
빨강	노랑	빨강	노랑	노랑
노랑	빨강	빨강	노랑	빨강
빨강	빨강	노랑	빨강	노랑
빨강	노랑	빨강	노랑	빨강

p. 23 (예시 포함)

낑	깡	깡	낑	깡	낑	낑
깡	낑	낑	깡	낑	깡	깡
깡	깡	깡	낑	낑	깡	낑
낑	낑	깡	깡	깡	낑	깡
깡	깡	낑	낑	낑	깡	낑
낑	깡	낑	낑	깡	낑	깡
깡	낑	깡	깡	낑	깡	낑

p. 24 (예시 포함)

팔팔	삼삼	팔팔	삼삼	삼삼
팔팔	팔팔	삼삼	삼삼	팔팔
삼삼	삼삼	팔팔	팔팔	팔팔
팔팔	팔팔	삼삼	삼삼	삼삼
삼삼	팔팔	팔팔	삼삼	팔팔
팔팔	삼삼	삼삼	팔팔	삼삼
팔팔	팔팔	삼삼	삼삼	팔팔

p. 25 (예시 포함)

파파	초초	파파	초초	파파	파파	초초
초초	초초	초초	파파	초초	파파	파파

초초	파파	파파	초초	파파	초초	파파
파파	초초	파파	파파	초초	파파	초초
초초	파파	초초	초초	파파	초초	초초
파파	초초	파파	파파	초초	파파	파파
초초	파파	초초	파파	파파	초초	파파

p.26 (예시 포함)

오	왼	왼	오	오	왼
오	왼	오	오	왼	왼
왼	오	오	왼	왼	오
오	왼	왼	오	왼	오
오	오	왼	오	왼	오
왼	오	왼	오	왼	왼
오	오	왼	오	왼	오
오	왼	오	오	왼	오
왼	오	오	왼	왼	오
오	오	오	왼	오	오

p.27 (예시 포함)

기역	니은	기역	니은	니은	기역
니은	니은	니은	기역	기역	니은
니은	기역	기역	니은	니은	니은
기역	니은	니은	니은	기역	기역
니은	기역	니은	기역	니은	기역
기역	니은	기역	니은	기역	니은

p.28 (예시 포함)

배	책	배	배	책	배	책
책	배	배	책	배	책	배
배	책	책	배	책	배	책
배	책	배	책	배	배	책
책	배	배	책	배	책	배
배	책	배	책	책	배	책
책	배	책	배	책	책	배

다르게 말해요

p.29 (예시 포함)

보라	주황	하늘	주황	보라
주황	주황	하늘	보라	하늘
보라	주황	보라	주황	주황
하늘	주황	하늘	하늘	보라
보라	주황	하늘	보라	주황

하늘	주황	보라	주황	하늘

p.30 (예시 포함)

분홍	노랑	분홍	연두	노랑	연두
연두	노랑	연두	분홍	노랑	분홍
분홍	분홍	연두	분홍	연두	노랑
노랑	연두	분홍	노랑	분홍	연두
연두	분홍	노랑	연두	노랑	분홍
노랑	노랑	분홍	노랑	연두	노랑

p.31 (예시 포함)

해	눈	비	눈	해	비
비	눈	비	해	비	눈
눈	해	비	해	눈	눈
비	눈	해	눈	비	해
해	눈	비	비	눈	비
비	해	눈	해	비	눈
눈	비	해	눈	비	해
해	눈	비	해	눈	비

p.32 (예시 포함)

사	육	팔	사	육
팔	사	육	팔	사
육	팔	사	육	팔
팔	육	사	육	팔

p.33 (예시 포함)

양	위	아래	양	아래	양
아래	양	아래	아래	위	아래
위	아래	양	아래	양	양
양	양	위	양	아래	아래
아래	위	양	아래	위	아래
양	아래	양	아래	아래	양
양	아래	위	아래	양	아래
위	양	아래	양	아래	위
양	아래	위	아래	아래	양
위	양	아래	양	위	양

p.34 (예시 포함)

유	산	키	산	유	키
키	키	유	산	키	산
산	키	산	산	유	키
유	키	산	유	키	유

산	유	키	유	산	산

p. 35 (예시 포함)

판	기	사	기	판
기	사	기	판	사
기	판	기	사	판
판	사	기	판	판
기	판	사	기	사
사	기	판	사	판

p. 36 (예시 포함)

마	자	라	라	마
라	자	라	마	마
자	마	라	자	라
마	라	라	마	라
자	라	마	자	자
마	라	자	라	마

나. 빠르게 그리기

빠르게 반대로 써 보세요

p. 37 (예시 제외) & @ @ # %
& @ % @ % #

p. 38 (예시 제외) 2 1 1 4 3
2 1 4 1 3 4

그대로 색칠하세요

pp. 39~41 정답 생략

그대로 그리세요

p. 42 (예시 포함)

○	×	△	○	×	△
△	○	×	△	○	×
○	×	△	○	×	△
△	○	×	△	○	×
○	×	△	○	×	△
△	○	×	△	○	×

p. 43 (예시 포함)

×	△	○	/	×	△	○
/	×	△	○	/	×	△
○	/	×	△	○	/	×
△	○	/	×	△	○	/

×	△	○	/	×	△	○
/	×	△	○	/	×	△
○	/	×	△	○	/	×

p.44 (예시 포함)

×	△	○	/	V	×	△	○
/	V	×	△	○	/	V	×
△	○	/	V	×	△	○	/
V	×	△	○	/	V	×	△
○	/	V	×	△	○	/	V
×	△	○	/	V	×	△	○
/	V	×	△	○	/	V	×

그대로 써 보세요

p.45 (예시 포함)

가	나	다	가	나	다
거	너	더	거	너	더
가	나	다	가	나	다
거	너	더	거	너	더
가	나	다	가	나	다
거	너	더	거	너	더
가	나	다	가	나	다

p.46 (예시 포함)

쟈	냐	댜	랴	먀	뱌	샤
겨	녀	뎌	려	며	벼	셔
쟈	냐	댜	랴	먀	뱌	샤
겨	녀	뎌	려	며	벼	셔
쟈	냐	댜	랴	먀	뱌	샤
겨	녀	뎌	려	며	벼	셔
쟈	냐	댜	랴	먀	뱌	샤

p.47 (예시 포함)

수	우	주	추	쿠	투	푸	후
슈	유	쥬	츄	큐	튜	퓨	휴
수	우	주	추	쿠	투	푸	후
슈	유	쥬	츄	큐	튜	퓨	휴
수	우	주	추	쿠	투	푸	후
슈	유	쥬	츄	큐	튜	퓨	휴
수	우	주	추	쿠	투	푸	후

나를 찾아 주세요

p.48 사이좋게 지내자

p.49 우유, 양파, 간장, 두부, 토마토

p.50 파인애플, 버섯, 버터, 참치, 밀가루, 종이컵

p.51 정답 생략

p.52 1) 버섯 3, 계란 2

2) 당근 2, 버섯 1, 계란 1

p.53 1) 당근 3, 양파 4, 버섯 3

2) 감자 3, 당근 3, 양파 2, 버섯 5

3) 배추 2, 양파 3, 당근 3, 버섯 4, 감자 1

4) 버섯 5, 양파 1, 당근 2, 배추 4, 감자 1

p.54 정답 생략

p.55 1) 햄 1, 가지 3, 밀가루 2, 계란 1, 소금 2, 당근 4, 김치 2

2) 당근 2, 소금 3, 햄 2, 가지 2, 김치 3, 밀가루 2

3) 소금 2, 김치 3, 밀가루 3, 햄 3, 가지 3

4) 소금 3, 밀가루 3, 김치 3, 당근 2, 햄 1, 계란 2

규칙에 따라 색칠하세요

pp.56~57 정답 생략

규칙에 따라 그리세요

p.58 (예시 포함)

○	×	×	△	△	△	○
×	×	△	△	△	○	×
×	△	△	△	○	×	×
△	△	△	○	×	×	△
△	△	○	×	×	△	△

p.59 (예시 포함)

○	×	×	△	△	△	V	V
V	V	/	/	/	/	/	○
×	×	△	△	△	V	V	V
V	/	/	/	/	/	○	×
×	△	△	△	V	V	V	V
/	/	/	/	/	○	×	×
△	△	△	V	V	V	V	/

규칙에 따라 써 보세요

p.60 (예시 포함)

가	나	나	다	다	다	가
나	나	다	다	다	가	나

나	다	다	다	가	나	나
다	다	다	가	나	나	다
다	다	가	나	나	다	다

p.61 (예시 포함)

가	나	나	다	다	다	라	라
라	라	마	마	마	마	마	가
나	나	다	다	다	라	라	라
라	마	마	마	마	마	가	나
나	다	다	다	라	라	라	라
마	마	마	마	마	가	나	나

❷ 매칭하기

가. 기억하여 쓰기

나의 짝을 찾아 주세요

p.63 (예시 포함) 2 1 3 3 1
3 2 3 2 1
1 3 1 3 2
2 3 1 1 2

p.64 (예시 포함) 7 6 9 8 9 6
6 7 6 9 7 8
7 8 9 6 8 6
9 6 8 7 7 8

p.65 1) 1, 2, ●, ●, 1, ●, 2, 0
2) 2, 0, ●, 3, ●, 1, 2, ●, 1
3) ●, 1, 3, ●, 1, 2, 0, ●

p.66 1) 1, 2, 0 − 1, 3, 2, 0
2) 2, 0, 1, 3 − 1, 2, 3, 1
3) 2, 1, 3 − 1, 2, 0, 0

p.67 1) +, ~, =, +, ~
2) =, ~, +, =, ~
3) ~, +, =, +, +

p.68 1) ⊗, Σ, ∪, ⊠, ◉
2) ∧, ∪, ⊗, Σ, ◉
3) ∪, ⊠, Σ, ◉, ∧

p.69 Σ, ∅, ∏, Σ, ∅, ∏, ∏, Σ, ∅, Σ, ∏, ∅

p.70 #, △, ?, ◆, #, ○, △, ?, #, ○, #, △, #, ?, ◆, !

p.71 (예시 포함) C, B, A, D, D, B

B, D, B, D, A, C
C, A, C, A, B, D
D, B, A, A, C, D
A, D, C, B, A, B

p.72 △, ⋈, ◎, ◎, □, △
⋈, ◎, △, ⋈, □, ◎
□, △, ◎, □, ◎, ⋈
△, □, ◎, ⋈, △, □

p.73 Χ, Π, Σ, Π, Δ, Χ
Δ, Χ, Π, Δ, Σ, Σ
Π, Σ, Δ, Χ, Δ, Π
Χ, Π, Σ, Σ, Π, Δ
Σ, Δ, Σ, Δ, Χ, Π

p.74 1)

kg	mℓ	kg	mm	km	ℓ	kg	cm
0	2	0	5	1	3	0	4

2)

ℓ	kg	km	mℓ	mm	cm	km	ℓ	kg
3	0	1	2	5	4	1	3	0

3)

km	mm	kg	ℓ	kg	ℓ	mℓ	km
1	5	0	3	0	3	2	1

p.75 1) 1, 3, 0, 4
2) 3, 0, 1, 2 − 4, 1, 3, 0
3) 1, 5, 0 − 0, 3, 2, 1

p.76 (예시제외) $, ?, $, #
　　　　　? , $, !, #, ?, $
　　　　　$, $, !, #, ?, !

p.77 ⋈ 4 ⊕ 6
　　　5 ∽ 4 ♯ ∽ 5
　　　⊕ 6 3 ⋈ 3 ∽

p.78 2, 3, 2, 1, 4, 1, 2, 1, 4, 2, 3, 1, 2, 1, 3, 4, 4, 1

p.79 7 ⊠ ◎ 5 8
　　　◎ 6 5 ⊠ 7
　　　◆ 5 ◆ 5 8
　　　6 7 ⊗ 5 8

p.80 ㅋ ⊖ ⊟ ⊕ ⊟ ⊡
　　　⊡ ㅋ ⊕ ⊕ ⊡ ⊕
　　　⊟ ⊕ ⊡ ⊕ ㅋ ⊡
　　　⊖ ㅋ ㅋ ⊟ ⊖ ⊟
　　　⊕ ⊖ ⊟ ⊕ ㅋ ⊟

p.81 # ! ⋈ ㅋ ⪽ ⋈
　　　ㅋ ! # ⋈ ! ㅋ
　　　⪽ ⋈ ⋈ ㅋ # !
　　　# ! # ⪽ ! #
　　　⋈ # ㅋ ⋈ ㅋ ⪽

p.82 1)

θ	∀	∪	⊞	※	⊗	⋈	⋈
3	6	4	5	1	7	8	8

2)

∀	⊗	∪	∩	⋈	⊞	⊠	∀	θ
6	7	2	4	8	5	9	6	3

3)

⊞	※	∧	θ	※	⊗	∪	∩
5	1	0	3	1	7	2	4

p.83 1) 3, 4, 6 − 1, 0, 8, 8
　　　2) 5, 7, 0, 6 − 4, 9, 2, 3
　　　3) 4, 1, 9 − 1, 7, 0, 5

p.84 (예시 포함) G W S R G H G
　　　　　　　　S S W H R S W
　　　　　　　　R H G S W H S

p.85 ? ♩ ㄸ ＝ ㄲ ＜ ㅃ
　　　ㅆ ＜ → ㅉ ♩ ㄸ ＝

ㄸ ㅆ ? ㅃ → ♩ ㅉ

p.86 b, e, d, e, a, b, e, d, a, a, c, d, c, b, e, d, a, b, a, c

p.87 ▲ ⊙ ㅅ ㅎ ㅈ ▯ ▲ ㅅ ◗ ㅎ ▣ ㅅ ㅋ ⊙ ㅈ ㅅ ㅈ ▯ ㅌ ▣ ㅅ ㅋ

나. 시간제한 내에 기억하여 쓰기

나의 짝을 빠르게 찾아 주세요

p.88 (예시 포함) □, △, ○, ◇, □, ◇, ○
　　　　　　　　△, □, ◇, ○, △, ○, △
　　　　　　　　◇, ○, △, □, ◇, ◇, □
　　　　　　　　△, ◇, □, ○, ◇, ○, △
　　　　　　　　□, ○, ◇, △, □, ○, ◇

p.89 (예시 포함) 죽, 매, 난, 국, 죽, 매
　　　　　　　　국, 난, 죽, 매, 국, 매
　　　　　　　　매, 난, 국, 난, 매, 죽
　　　　　　　　난, 매, 죽, 죽, 국, 매

p.90 (예시 포함) ←, ↑, →, ↑, ←, ↓, →
　　　　　　　　↓, →, ←, ↓, →, ←, ↑
　　　　　　　　↓, ←, →, ↑, ←, ↓, →
　　　　　　　　→, ←, ←, →, ←, →, ←
　　　　　　　　↓, ↓, ←, →, ↓, ↑, ↑
　　　　　　　　←, ↑, ←, ↓, ←, ↓, ↑

p.91 (예시 포함) &, ※, $, &, %, ※, $
　　　　　　　　%, &, ※, $, &, %, ※
　　　　　　　　$, ※, %, &, $, &, $
　　　　　　　　&, $, ※, %, %, &, %
　　　　　　　　%, &, ※, &, $, ※, &
　　　　　　　　%, $, $, ※, %, &, $

p.92 (예시 포함) ‼ ? ! ? ! ⁇ !
　　　　　　　　⁇ ‼ ⁇ ! ⁇ ? ‼
　　　　　　　　‼ ⁇ ! ⁇ ‼ ? !
　　　　　　　　‼ ⁇ ‼ ‼ ! ⁇ ⁇
　　　　　　　　! ! ? ‼ ⁇ ? ‼

p.93 (예시 포함) 1 2 1 4 3 1 3
　　　　　　　　4 3 1 3 1 2 4
　　　　　　　　1 1 2 1 4 4 3
　　　　　　　　4 1 3 2 1 2 1
　　　　　　　　3 1 4 2 3 4 1
　　　　　　　　1 4 1 1 2 4 1

p.94 (예시 포함) 2 4 1 3 4 3 1
3 4 2 4 1 2 1
3 1 4 1 4 3 2
1 4 2 2 4 3 2
4 1 3 4 1 4 3

p.95 (예시 포함)

❸ 채워넣기

가. 변별 & 추적하기

나를 찾아 주세요

p.97 3개, 4개, 3개, 4개, 5개
p.98 5개, 4개, 4개, 5개, 4개
p.99 9개, 10개, 7개
p.100 10개, 17개
p.101 2, 2, 3, 1, 3
p.102 3, 2, 3, 1, 2
p.103 1) 6개, 2) 9개
p.104 12개
p.105 13개, 10개
p.106 6개, 5개
p.107 1) 4개, 2) 7개
p.108 8개
p.109 11개, 10개, 7개, 9개
p.110 9개, 11개, 8개
p.111 12개, 10개, 6개, 8개
p.112 3개, 5개, 5개, 3개
p.113 12개, 11개
p.114 15개
p.115 5개, 4개, 2개, 4개
p.116 10개, 8개
p.117 5개, 5개
p.118 5개, 3개

내 것을 찾아 주세요

p.119 6개
p.120 8개
p.121 11개
p.122 7개

노경란(Row, Kyung Ran)
미국 Eastern Michigan University 심리학 석사(임상심리 전공)
이화여자대학교 대학원 심리학 박사(발달 및 발달임상 전공)
정신보건임상심리사(1급), 임상심리전문가, 발달심리전문가
이화여자대학교 심리학과 겸임교수
현 아이코리아 송파아이존 센터장

박현정(Park, Hyun Jeong)
이화여자대학교 대학원 심리학 석사 및 박사(발달 및 발달임상 전공)
인지학습치료전문가, 정신보건임상심리사
현 이안아동발달연구소 소장
　　이화여자대학교 교육대학원 겸임교수
　　가천대학교 심리인지치료학과 겸임교수

안지현(An, Ji Hyun)
이화여자대학교 대학원 심리학 석사(발달 및 발달임상 전공)
정신보건임상심리사, 인지학습치료사
전 미국 텍사스 San Marcos Baptist Academy 근무

전영미(Jun, Young Mi)
연세대학교 대학원 심리학 석사(발달심리 전공)
인지학습심리상담사
현 파주통합지원발달센터, 성실심리발달센터 및 한강발달심리상담센터 인지학습치료사

인지기능 향상 워크북
정보처리 영역
A Workbook for Improving Information Development

2018년 1월 15일 1판 1쇄 발행
2024년 8월 20일 1판 8쇄 발행

지은이 • 노경란 · 박현정 · 안지현 · 전영미
펴낸이 • 김 진 환
펴낸곳 • (주) **학지사**
    04031 서울특별시 마포구 양화로 15길 20 마인드월드빌딩 5층
대표전화 • 02) 330-5114   팩스 • 02) 324-2345
등록번호 • 제313-2006-000265호

홈페이지 • http://www.hakjisa.co.kr
인스타그램 • https://www.instagram.com/hakjisabook

ISBN 978-89-997-1435-1 94180
    978-89-997-1430-6 (set)

정가 **14,000원**

출판미디어기업 **학지사**

간호보건의학출판 **학지사메디컬** www.hakjisamd.co.kr
심리검사연구소 **인싸이트** www.inpsyt.co.kr
학술논문서비스 **뉴논문** www.newnonmun.com
원격교육연수원 **카운피아** www.counpia.com
대학교재전자책플랫폼 **캠퍼스북** www.campusbook.co.kr